やる気を引き出す言葉

増補
言葉ひとつで子どもが変わる

石川尚子著

引き出さない言葉

柘植書房新社

増補版のためのまえがき

私は、コーチという仕事をしています。と言っても、スポーツ選手のコーチではありません。基本的に、仕事をしている社会人の方のコーチです。相手の話を聴いて相談にのります。その人の目標達成に向かって一緒に考えます。最近では、小学生から大学生まで、子どもや学生の皆さんのコーチングをすることも増えてきました。

また、時には、何百人もの人の前で講演をします。自分よりもはるかに年上の人生の大先輩の前に立って話をしなければならないこともあります。日本全国を移動しながら、多い時は、一年間で二〇〇回以上、人前に立たせてもらいます。さらに、こうして原稿を書く仕事もしています。難しいと思うこともありますが、それ以上に楽しくやりがいもありますので、この仕事に就いて本当によかったと思っています。

さて、このような今の私の姿を、私の子ども時代を知る人は、当時、どれだけ想像できたでしょうか。小学生の頃の私は、非常におとなしい子どもでした。人見知りで、引っ込み思案で、人前で自己紹介すらできませんでした。内向的で、あまりしゃべらない子どもでした。動作が遅く、他の子どもたちが動くのを見て、後ろからおずおずとついていくようなタイプでした。悲観的で、自己否定が強く、よく内にこもって悩んでいました。

こんな子どもだった私が、今では、アクティヴに行動しながら、多くの人の前で、堂々と「夢は叶うんですよ！」などと話すわけですから、両親や親戚、同級生は非常に驚いています。つくづく、人は何者になるのかわからないと感じます。今、見えている目の前の姿だけで、軽々に将来を判断してはいけないと思います。子どもが内側に秘めている可能性には、計り知れないものがあるのです。

では、その可能性を引き出す糸口は何なのでしょうか、私はそれが「言葉」ではないかと思っています。いささか手前味噌な話で恐縮ですが、私の父には、昔から妙な口癖がありました。「お前は運がいいから」と私に向かって折々に言うのです。何をもってそう言っていたのか、根拠はまるでわかりませんが、受験の時も、この言葉に励まされて、なんとか乗りきれたように思います。大人になった今でも、この言葉はどこかで、自分を支えてくれています。

小学生の頃、人前で話すのが苦手だった私に、担任の先生が、「あなたは聞き上手だね。

聞き上手は、コミュニケーション上手だよ」と言ってくださいました。人前でうまく話せない劣等感を十分味わっている私に、「もっと話せるようにがんばろうね！」と言うのと、「あなたは聞き上手だね」と言うのとでは、与えるイメージが天と地ほどに違います。その違いによる効果とこの先生の偉大さを知ったのは、コーチの仕事をするようになってからのことでした。折々にかけてもらってきた言葉が、今の私を作ってきたのだと思うと、感謝の気持ちでいっぱいです。

またこうして、自分自身をふりかえってみても、親や先生から、「こうしなさい！」、「こうすればいいから！」と一方的に言われたことには、あまり素直に従えなかったように思います。むしろ、反発を覚え、「絶対にその道は選ばない！」と意固地になったこともありました。

コーチングと出会い、コーチとして活動するようになって、その理由がよくわかりました。コーチングとは、教えたり、こちらの意見を押し付けたりすることなく、相手の自発性を引き出しながら、相手の目標達成を支援していくコミュニケーションです。もちろん、相手が知らない知識や情報を「教える」ことはとても重要です。しかし、それで子どもが意欲的に伸びていくかというと、かえって逆効果のことが多いように感じます。

教えれば教えるほど、相手は、「教わらないとできない」と思い込んでしまいます。ですから、できていないことを指摘するよりは、すでに持っている強みに着目し、言葉をかけていきます。単に答えを教えるのではなく、質問を投げかけることで、自分で考えてみるよう促します。こうしたコーチングの実践によって、かつて悲観的だった私も、前向きで肯定的に自分の人生を生きられるようになっていきました。

さて、コーチとして独立をして3年ほどたった頃のことでした。ふとしたきっかけで、初めて、高校生と向かい合って、就職カウンセリングの仕事をすることになったのです。はじめは、一言もしゃべらない、目も合わせようとしない高校生に大いに戸惑いました。目の前の子どもは、やる気がまるでないように見えました。将来のことを何も真剣に考えていないようにも、自分に自信がないようにも、話すのが苦手なようにも、私に反発をしているようにも見えました。「ああ、かつての私と同じだ」と思い出したのは、これも後になってからでした。

コーチとして向き合っているうちに、そんな高校生が、少しずつ心を開いて、話をしてくれるようになっていきました。

「オレ、本当はやりたいことがあるんだけど」

「自分にもいいところがあったなんて、今日初めて知った」

「なんか自分にもできそうな気がしてきた」

子どもたちのそんな言葉を聴くたびに、子どもたちが秘めている可能性に、感動で心が震えました。向き合って話を聴き、言葉をかけることで、子どもたちは、もともと内側に持っていた資源をどんどん現してくれました。

それなのに、どうして、こんなにすばらしい子たちが、こんなに自分のことを小さく扱って生きているのだろうか？　これだけの資源をどうして日頃引き出せていないのか？　何かが間違っていないか？　感動とともに、湧いてくる疑問で居ても立ってもいられなくなるほどでした。

この時の体験を、二〇〇七年に、『子どもを伸ばす共育コーチング』（柘植書房新社）という本にまとめ、上梓しました。そこからまた、私の人生は大きく変わりました。ビジネスコーチの看板を揚げている私に、全国の学校・教育関係先様から講演依頼が殺到するようになったのです。同時に、研修・講演を聞いてくださった方、本を読んでくださった方から、「うちの子に試してみたら、こんな変化が起きました！」という事例が数多く寄せられるようになりました。それまで、社会人の方に対してだけ行っていたコーチングでは実感し得ない「コーチングの底力」を目の当たりにしました。

二〇〇八年から、㈱ベネッセコーポレーション様が運営されている『ベネッセ教育情報サイト』で、「子どものやる気を引き出すコーチング」というタイトルの連載原稿を書く機会を頂戴しました。「いつかは連載を持つような作家になりたい」。そんな子どもの頃からのあこがれも現実となったのです。

ところが、月二回、一五〇〇字の原稿を入れ続けることは、単なるあこがれだけではとても務まらないことでした。「また、締め切りが近づいてくる。次は、何について書こう？」と頭を抱える私を救ってくれたのが、折々に皆様から寄せられる「コーチング実践事例」であり、日々の仕事を通して出会う子どもたちとのコミュニケーションでした。

「なるほど！そんな言い方があったのか！」

「こういうふうに応用できるのか！」

「これはなかなか使える！」

実際のご家庭や教育現場で起きている生の事例や体験は、コーチングの理屈をはるかに超え、リアルで効果的なものでした。

「こんな子どもがいたんですって。こうやってみたら、こんなに変わったんですって。スゴイと思いませんか?!」と、もっと多くの人に伝えたい! と思って、夢中で書き続けているうちに、ついに連載は一〇〇回を超え、五年目に入っていました。「この原稿をWebサイト上だけに留めておくのはもったいない」という私の想いを、出版という形で叶えてくださった柘植書房新社の皆様のおかげで、この本の初版は誕生しました。その後もこの連載はまだまだ続いています。

一〇〇回分をすべて掲載するには紙面がとても足りませんでしたので、書籍用に抜粋、若干加筆修正しました。もともと一五〇〇字で一話完結の連載原稿です。どこから読んでいただいてもかまいません。気になる項目から、ページを開いてみていただけたら幸いです。

コーチングの考え方の一つに「答えは一つではない」というものがあります。目標を達成するための方法、問題を解決するための答えは一つではありません。ここに収めた実践事例が、唯一絶対の「正解」とは思っていません。書かれている言葉をそのまま使って、それが魔法の呪文のように効くかというと、それはやってみなければわかりません。人はそんなに浅い存在ではありません。

ただ、「いつもこの言い方しかしていなかった」、「他にどんな関わり方をしたらよいのかわからない」という方は、ぜひ、ご自分のコミュニケーションのレパートリーを増やすために、本書をご活用いただきたいのです。試してみて、どんな反応があるのかを、ぜひ観察してみてください。意図通りの結果が得られたら、「何が機能したのか」を考えてみてください。意図通りでなかったとしたら、「何が機能しなかったのか」、「次はどうすればいいのか」を建設的に考えてみてください。

「言っても変わらないこの子が悪い」、「結局、この子にはどんな言葉をかけても無駄だ」と、子どものせいにするだけでは誰も幸せにしません。やってみて、結果を観察して、ふりかえって、またやってみる。その繰り返しの中で、理屈を超えた確かな手応えが得られるはずです。「なるほど！　こういう時に、子どもはイキイキと輝き始めるのか！」と腑に落ちる体験をした時、お互いが幸せを感じられるのではないでしょうか。

さまざまな事例に出会う中で、「あの時、この人のこの言葉に出会っていなかったら、今、この子はどうなっていたのだろう?」と考えさせられるような事例が数々ありました。出会いによって人生が変わり、言葉によって人生が変わることが本当にあるのだなと感じ入ります。私のように、小学生の頃にかけてもらった言葉の意味や効果が、大人になってからようやくわかることもあります。芽はいつ出るかわからない。でも、発芽を信じて、言葉をかけ続けることで、いつか、「あの時のあの言葉のおかげで、今の私があります」と言われる未来があるとしたら、とてもすばらしいことだと思いませんか。

私たちが日頃使っている言葉は、子どもの思考、意欲、行動、成果に確実に影響を与えます。「言葉ひとつ変わることで未来が変わる」ことを多くの方に実感していただけたら、ここまで書き続けてきた甲斐を感じます。この世の中のすべての子どもたちが、自分の価値を感じ、自分の夢を叶える人生を歩めますように。そんな世界を実現するために、今日も私は言葉を選んで使っていきます。

最後になりましたが、貴重な事例を寄せてくださった教育者・指導者・保護者の皆様、コーチ・友人知人の皆様、そして、多くの気づきを与えてくれた幼児から大学生までの子どもの皆さんに心から感謝いたします。そして、増補版として、またより多くの方に、この本をお届けできる機会を作っていただけたことに深く感謝いたします。ありがとうございます。

二〇一九年二月吉日

石川　尚子

増補　言葉ひとつで子どもが変わる——やる気を引き出す言葉　引き出さない言葉◆目次

II 言っていませんか？（やる気を引き出さない言葉）

Ⅲ　子どものやる気スイッチはどこにある？……111

Ⅰ 言っていますか？

（やる気を引き出す言葉）

「本当はできる子だから」と言っていますか？

たとえば、大学受験を控えたお子さんがいらっしゃるとしましょう。子どもは子どもなりに受験したい大学を決めていますが、かなり高望みのようです。返ってくる模試の判定結果はすべて「E判定」。これが何を意味しているかはおわかりですよね。「ほとんど合格見込みなし」、つまり、「志望先を検討しなおしたほうが良さそうです」と暗に警告されている判定結果なのです。

さあ、こんな状況のお子さんに対して、親としては、何と声をかけますか？

プラスの暗示をかける↓

これは実際にあったお話なのです。私のコーチ仲間の息子さんが高校生だった時のことです。

お父さん（私のコーチ仲間）は、息子さんにこう言ったそうです。

「ま、お前はできるヤツだからな」

これだけです。

「え？ 本当にそれだけですか⁉」

私はこのお話を聞いた時、思わず、聞き返してしまいました。

「はい。これだけです。息子がどんな結果を持って帰ってきても、『お前は本当はできるヤツだから』と言い続けました。それがまたすごいことになったんですよ！ 半年後に、E判定しかもらえなかった第一志望の大学に受かったんですよ！ 法学部に入りました。今は弁護士になると言って勉強しています」

芳しくない結果を前に、「お前はできる！」と言い続けることは、よほど親の度量がないとできないことのように思います。だからこそ、言われた側の子どもにも、何か感じるものがあったのでしょう。

さらにこのお父さんはこう教えてくださいました。

「親が『うちの子はできない、できない』って言っているから、できない子どもになっていくんですよ。子どもは親が言ったとおりになっていきます。『うちの子は本当はできる子』と言い続けるから本当にそうなるんですよ！」

なるほど。まさにコーチングの哲学そのものです。こちらが、相手の可能性を信じるというところに立って関わっているか、これが結果を左右するのです。

そういえば、私が接している高校生たちもそうです。

「ここまでできたんだから、次はもっと簡単にできるよ！」

次がもっと簡単かどうかは正直わからないのですが、そう声をかけると、意外とあっさり課題をクリアすることがあります。

「次は難しいから、しっかりね！」　**←マイナスの暗示**

「がんばりすぎると疲れるからムリしないでね！」　**←マイナスの暗示**

励ましているつもりで、逆の暗示をかけて、かえって難しくさせてしまっていることはないでしょうか。同じ暗示をかけるなら、このお父さんのようにプラスの暗示をかけたいものです。

否定形は肯定形に↓

以前、少年野球のコーチをしている人に聞いたことがあります。

「いいか！　高めのボールに手を出すなよ！」

と言うと、子どもたちは不思議と高めのボールを打とうとするらしいのです。

「……しないように」という言葉よりも「高めのボール」という言葉に意識が行ってしまうようなのです。ですから、そんな時は、「低めのボールを狙っていけ！」と言うと、低めのボールを打ちにいくらしいのです。

似たようなことは、日常生活のなかにもありそうですよね。

「遅れないようにね！」と言われると、遅刻してあたふたしている自分に意識が向いてしまいます。ところが、「始まる時間には座っていようね」と言われると、その映像が浮かびませんか？

「脳は否定形を認識できない」という説もあるぐらいです。否定形で伝えても、無意識に肯定形として受けとめてしまうのです。

否定形を肯定形に変えて、子どもたちに伝えてみませんか？

「**散らかさないでね**」ではなく、「**きれいにしておこうね**」。

「**忘れないようにね**」ではなく、「**準備して持っていこうね**」。

ぜひ、お試しください。

「やると思ってたよ」が嬉しい理由

以前、私のコーチングの授業を受けてくれたある大学生の言葉です。

「中学生のころ、テストで良い点を取って帰ってきた時、『ほら、やればできたでしょ！』と親に言われるとなんとなく『ムッ！』としたんですよね。親は一応ほめてくれてるのですけどね。でも、『やると思ってたよ！』って言われると、すごく嬉しかったんですよ！　今日、石川さんの話を聞いてなぜ嬉しかったのか理由がわかった気がします」

読者の皆さまはいかがでしょうか？
「やればできたでしょ！」と「やると思ってたよ！」
何か違いをお感じになりますか？

Youメッセージとーメッセージ

もう少し、違いを味わってみましょう。

【A】

「最後までよくがんばったね！　すごいね！」

「自分からすすんでお手伝いするなんて良い子だね」

「言ったとおりにできたね。えらいね」

【B】

「最後までやりとおしたなんて感動したよ」

「○○ちゃんが手伝ってくれて、本当に助かったわ」

「約束を守ってくれてとても嬉しかったよ」

さて、【A】と【B】、どちらが言われて嬉しい言葉ですか?　より素直に受けとめられるのはどちらですか?　たしかに、人はそれぞれタイプが違いますから、【A】のように言われたほうが嬉しい人もいるでしょうし、【B】のほうが好きだという人もいるでしょう。これらは、どちらが正解、不正解というものではありません。どちらも、それを伝えたことで相手のやる気をより引き出すことができるのなら、「機能するコミュニケーション」と言うことができるでしょう。

【A】のような言い方を『You（あなた）メッセージ』と言います。「あなたは○○だね」という言い方で、主語がすべて「あなたは」となります。

一方、【B】のグループは『I（私）メッセージ』と言われるもので、主語が「私は」となる言い方です。

『Youメッセージ』はプラスの言葉であれば、たしかに悪くはないのですが、どことなく、相手を「評価」するニュアンスがにじんでいます。「あなたはこうだよね！」と言われることで「そんなことないのに」と反発を感じる子もいます。

一方、『Iメッセージ』ですと、「私はこう感じたよ」という気持ちが伝わってくるので、意外と子どもは素直に受け取れるようです。「そうか、自分がしたことでお母さんが喜んでくれたんだ！」という自分の存在価値に対する気づきや喜びも生まれます。

前述した「やればできたでしょ」は『Youメッセージ』、「やると思ってたよ」は『Iメッセージ』なのです。「やると思ってたよ」には、「あなたはもともとできる子なんだよ」という自分に対する信頼まで感じとれます。

Iメッセージで気持ちを伝える

「いいから、学校、行きなさい！」

「やだ！　行きたくない‼」

「行かないとダメでしょ！　病気じゃないんだから、行って！」

入学当初、小学一年生のA君は、学校へ行くのを毎朝嫌がりました。

ある時、お母さんは『Iメッセージ』を試してみました。学校から帰ってきたA君をお母さんはIメッセージで思いっきり認めたのです。

「お帰りなさい！　今日も、A君、学校行ったね！　お母さん、とても嬉しかったよ。いつもA君がニコニコしながら学校に出かけていくと、お母さん、一日中、安心していられるの」

この日以来、A君は朝ぐずぐず言わないで登校するようになったそうです。

子どもたちは日常、「あなたはこうだよね。あなたはこうしなさい」と言われることのほうが多く、意外とこの『Iメッセージ』で伝えてもらう経験が少ないのではないでしょうか。「なぜ、勉強してほしいのか」「どんなにあなたのことが大切なのか」、親としての気持ちを『Iメッセージ』で伝えてみると、子どもたちは、自分の言動の影響力を考えてみるようになるのです。

子どもが夢を語れる家庭とは?

自らの夢を語る

私は最近、保護者の皆さんにも、こう質問してみることにしました。

「お母さん、あなたの夢は何ですか？」

「え？　夢？　ですか？　いえ、私なんて、別に、もうこの歳ですし……。まあ、夫も子どもも元気でがんばってくれたら、私は、別に、今さら、何か始めたいということもないですし……」


うーん、それで、子どもには、「夢を持て！」と言っても、ちょっと無理な注文なんじゃないでしょうか？

「うちのお母さん、カーネギーホールで歌うのが夢なんだって！　だから、いっつも、コーラスの練習に行ってるよ」

「僕が剣道に通い出してから、お父さんも始めたんだけど、今年中に二段になる！ってけいこがんばってる」

「なんかよくわからないんだけど、試験を受けて合格すると、やりたかった仕事がやれるんだって。夜、帰ってきてから、お父さんも一緒に勉強してる」

こういうご家庭のお子さんたちは、ちゃんと自分の夢ややりたいことを語ってくれます。

「自分は別にもうこのままでいいの」という大人から、「やりたいことは何？　何でもやれるんだから夢を持ちなさい」と言われても、夢を語りたくなりませんよね。

そういえば、ある小学校の先生が、一年生の児童からこう質問されたそうです。

「先生は、大きくなったら何になりたいの？」

って言われても、もう十分、大きくなってるんだけど……、私、何やりたいのかな？

この時思ったそうです。

「子どもたちのほうが、私のことをまだまだ可能性がある人として見てくれている！

子どもに負けないぐらい大きな夢を持ちたい！」

何でもよいと思うのです。保護者の皆さんが、まず、日頃から「夢」を語って、取り組む姿を見せてあげることが何よりのコーチングなのです。

「誘い水作戦」

私のコーチが、自分の会社のスタッフに対して、よく使っている方法の一つに「誘い水作戦」というのがあるそうです。

相手のやる気や考えを引き出すためには、相手を「その気にさせる」ことが大事なわけですが、そのためには、どうすれば相手がその気になるのか情報をつかまなければ話になりません。その答えも自分の中にあるのではなく、相手の中にあるわけです。そこで、どんなふうにその情報を相手から引き出していくのかというと、まず、自分の情報を開示するのだそうです。

「私はね、以前、こんなことがあって、その時、上司からこんなふうに関わってもらったら、すごく仕事がしやすかったの。あなたはどう？」

これが誘い水作戦です。

これを応用すると……。

「私はね、こんなことをやってみたいと思ってるの。これができるようになったら、すごく楽しいだろうなぁと思って。〇〇ちゃんはどんなことだったらやってみたい？」

まず、自分が自己開示することで、相手の考えを引き出すという方法です。これも一つの実験として、一度お試しください。

子どもに安心感を与えていますか？

「おもしろいですよー。お子さんたちもどんどん落ち着いてくるのがわかります。お母さんたちが変わると、子どもにもちゃんと伝わるのでしょうねー」

最近では、『子育てコーチング講座』などの勉強会に、お母さんがたが受講しやすいよう、託児スペースを設けているところがあります。

毎回、子どもたちを預かっている保育士さんがおっしゃっていました。講座の回数が進むごとに、預かる子どもたちも変化していくのだそうです。

講座の中でどんなことがお母さんたちに伝えられているのか、保育士さんには内容まではわからないそうですが、お母さんたちの子どもへの声かけが毎回、確実に変わってきているのを感じるそうです。

たとえば、講座が終わって、お迎えに来た時の第一声は……。

★コーチングを学ぶ前のお母さんのパターン：
「○○ちゃん、ごめんねー。長いこと待たせて。いつも一人にさせて、本当にごめんね。寂しかったよね」
★コーチングを学んできたお母さんのパターン：
「○○ちゃん、今日もありがとう！　○○ちゃんがここで良い子で待っていてくれたおかげで、ママ、またたくさん勉強することができて嬉しかったよ！」

（このような言い方を『Ｉメッセージ』と言います）


いかがでしょうか？　どんなニュアンスの違いが感じられますか？　次回も安心してお母さんを待っていられるのはどちらのほうでしょうか？

お母さんに謝られると、「預けられること」自体が良くないこと、自分自身の存在がお母さんに迷惑をかけている、というニュアンスを子どもに与えかねないと思いませんか？

後者のパターンですと、自分がこうして待っていることがお母さんの役に立っている、自分の存在がお母さんを勇気づけているというニュアンスが伝わると思いませんか？　こんなふうに、自分の存在を認めてもらえていると、子どもたちは、預けられる時も不安になりません。「ママ、今日もお勉強がんばってね！」と応援してくれるようにもなるそうです。

子どもを預ける時や迎えに行く時に限らず、「ごめんね」と言う代わりに、子どもに「ありがとう」と言うべき場面は他にもあるのではないでしょうか。

ニュートラルでいる

飛行機に乗っていて、激しく揺れ始めると、ちょっと不安になります。「大丈夫！」とは思いながらも、気持ちがざわざわします。そんな頃合いを見計らったかのように、客室乗務員さんのアナウンスが入ります。

「気流の関係で揺れておりますが、飛行の安全にはまったく影響ございませんので、ご安心ください」。どんなに揺れていても、いつもと変わらない冷静で丁寧な口調にほっとさせられます。この声が動揺していたり、感情的になっていたりしたらどうでしょう？　たちまち不安になってしまいます。

「えー!?　そんなことしたら、どうなると思うのー？」

「ダメでしょ！　こんな成績じゃ、良い学校に入れないよ！」

ついつい、マイナスの暗示をかける言葉ほど感情的に発してしまいます。感情を込めて伝えることも状況によっては大切ですが、ネガティブなテーマほど、冷静にニュートラルに対応することで、子どもたちも安定して建設的にものを考えられるようになるのではないでしょうか。ニュートラルとは、こちらの「評価」をいっさい入れない状態のことです。

「そっか、今回は、平均点にいかなかったんだね」

（だから良いとか悪いとかの評価は脇に置いて、「結果が平均点以下だった」という事実だけを受け取ります）

「次はどうしたいの？」

「どうすれば点数は上がるかな？」

「どんなことに気を付ける？」

冷静に対話を重ねることで、「またうるさく言われるから」というネガティブな動機からではなく、「次はこうしたらできるかも！」という前向きな思考から自発的な行動へとつながっていくように思います。

子どもの肯定感を引き出していますか？

ある専門学校の先生から伺ったちょっとした言葉かけの違いについて取り上げたいと思います。この先生はすごい人です。一〇〇％の学生が「勉強苦手！　勉強嫌い！」というクラスで、一日八時間（学校の授業時間を除く）も勉強するような学生まで現われたクラスの担任の先生です。


たとえば、子どもが宿題の中でわからない問題に遭遇したとしましょう。

「わかんないとこがあるんだけど、教えて」

子どもが聞きに来ました。こんな時、何と言いますか？


「どこがわからないの？」

おそらく、ほとんどのかたがそう言ってしまうのではないでしょうか。正直、私もその一人です。

「できている」ところから会話を始める

ところが、この先生はこんな質問から入るのです。

「どこまでわかってるの？」

そう言われて考えてみれば、どんな問題でも「ここまではできている」という線があるのではないでしょうか。この質問をすると、「わかっている、できている」というところから会話が始まるのです。そんな対話を繰り返していくと、「全部できていないわけじゃない。わかっていることもある」と思え、「自分もできるかも！　できてもいいかも！」という肯定感が芽生えやすくなるというのです。

確かに、思い当たることがあります。「子どものやる気をどうしても引き出せないんですが、どうしたらいいですか？」と相談に来るかたが多いのですが、よくよくお話を聞いてみると、いつもできていないわけではないのです。まったくできていないわけではなく、実際のところ、できている時も、できているところもあるのです。三回に一回ぐらいはできている場合もあるのです。

「できている時は何がうまくいっていたの？」

これは、コーチングではよくする質問ですが、ふだんはあまりこういう会話にはなりません。「できている」ところから会話を始めるこの先生のやり方には「なるほど！」と思わされます。

ダブル否定を肯定表現に！

こんな言葉かけにも思い当たるふしはありませんか？

> 「ちゃんと食べないと大きくなれないよ」
> 「もっと勉強しないと、合格できないよ」
> 「早く寝ないと、明日集中できないよ」

「……しないと、……できない」

これを「ダブル否定」と言います。意外と使っていませんか？

この表現は、未来に対してあまり良いイメージを与えないばかりか、今の自分を否定されたと感じる体験になりやすいのです。

そこで、コーチングを学んだこの先生が意識して使っていらっしゃるのが肯定表現です。

「しっかり食べたら、もっと大きくなれるよ」
「勉強を続けると、きっと合格できるよ」
「早く寝たら、明日は思いっきり集中できるよね」

すばらしいですよね。これらのちょっとした言葉かけの積み重ねが、「自分もやったらやれるんだ！」という肯定感を子どもたちから引き出していくのではないかと思います。

子どもの「やったらできた！」を引き出していますか？

先日、こんなすばらしい成果の報告がありました。宿題があってもまったくやらない、勉強が大嫌いという中学二年生の女の子が、冬休み中の二日間で合計十五時間も勉強した！　自分で計画を立てて、冬休みの宿題をお正月までにすべて終わらせてしまった！

というのです。びっくりですね。

何がきっかけになったのでしょうか？

「ちょっとだけ」を続ける

この子に出された指示はこんな指示でした。

「冬休みの宿題は、全部で九時間分あります。休みの間、どんな時間配分でやるのかは自分で計画を立ててやってください」

今までまったくやらなかった子が、これでいきなりやれるようになったとは正直なところ、信じ難いですよね。お察しの通り、この前に、ちょっとした助走期間がありました。

「一日一時間以上は勉強しないでね。一時間でできる宿題だから」

そんな宿題が毎日ちょっとだけ出されました。「それぐらいならいいや」と彼女は思えたようです。一時間だけは机に向かう習慣がつきました。「勉強しなさい」と言うより「一時間以上しないように」と言うのはなかなか斬新な方法です。

冬休みの宿題を前にして、彼女は考えました。「一日一時間ずつやると九日間。やっぱりお正月は勉強を休みにしたい。二時間ずつやると四～五日かかる。どうせなら、お正月は新発売のゲームに没頭したいので、年内に終わらせちゃおう！」

これが、大きな原動力になりました。二日間で、冬休みのすべての宿題を終わらせる結果を生んだのです。九時間で終わる量でしたが、彼女の力では十五時間かかりました。それだけ集中したことは、かつてないことです。

「**やったらできた！**」この体験は、彼女にとって、大きな達成感となり、言わなくても勉強するようになったとのことです。

最初から、「毎日三時間は勉強しなさい」と言われても、重いです。なかなか腰が上がりません。「それぐらいならいいかも」と思えるレベルから、「できたね！」「じゃあ、もう少しできるかも！」を引き出していくほうが加速します。

「ちょっと試してみる」のススメ

この事例を読んで、

「なんだ、そんなことか。でも、一日一時間でもうちの子には無理だな」

「うちの子はきっと自分で勉強計画なんて立てられない」

などと思ってしまった皆さん‼

その「あり方」が、子どものやる気をくじくコミュニケーションにつながっているのです。やってみないとわかりません。（と、日頃、お子さんにもおっしゃっているのではありませんか？）

以前、「過保護の手を、少しずつ放していくコツはありますか」というコメントをいただきました。わかってはいるけれども、つい手を出したくなるのが親心というものですよね。とはいえ、完全に手を放してしまっては、子どもも困るのではないだろうかと悩ましいところです。


「一人ではできないだろうな」

「放ってしまって、失敗したらどうしよう？」


そう思っているこちらの「あり方」こそが、相手を依存させ、そのとおりの結果を招いてしまうのではないでしょうか。

試す前から勝手に結果を決めないで、「ちょっとだけ子どもに任せてみる」ことも「ちょっと試してみて」いただきたいのです。

プロ野球選手も三割打って、やっと首位打者です。三割のヒットを打つために、七割のトライ＆エラーがあるのです。それも貴重なデータであり、資源です。トライ＆エラーは「失敗」ではないのです。このことを、子どもたちにももっと伝えていきたいと思います。

子どもとの信頼関係できていますか？

「うちの親に相談しても無駄！」

時々、こんな言葉を高校生から聞きます。

「そんなこと言ったらダメでしょう！　どうしてそんなふうに思うの？」

と言ってしまうと、相手を責めるニュアンスが漂い、たちまち「この大人もうちの親と一緒だ！」と思って口を閉ざしてしまいます。

「そうか。そう思うんだ。そう思う理由は何？」

良し悪しの評価をしないで、あくまでニュートラルに聞くようにします。そうやって引き出される本音は、不思議なほど共通していて驚かされます。

どんな時も「受容」してもらえる安心感

子どもたちと接していると、いかに、お互いの信頼関係が子どものやる気に影響を与えるのかということを実感します。

「だって、『何でもいいから言ってみろ』って言っときながら、こっちの考えを言うと、『それは甘い！』とかって言われるんだよ。信じらんないって感じ」

子どもたちは、自分自身の考えを受けとってもらえず、親の意見を押しつけられることに不満と不信を感じるのです。

学校の先生に不信感を覚えるようになった生徒もいました。

「『いつでも相談に来い。何でも相談に乗るから』って言われたのに、『そんなことは自分で解決しろ！　いちいち聞きに来ることじゃない』って。もう二度と相談に行かないと思った」

よくよく事情を聞いてみたら、たしかに取るに足らない相談や稚拙な考えの場合もあるでしょう。それでも、「何を言ってもとりあえず受けとってくれる」「何を言っても大丈夫」という安心感がある人の言うことなら、子どもたちは聞き入れてみようと思うのではないでしょうか。

相手との信頼関係を作るうえで、「受けとってあげるコミュニケーション」は、まず必須と感じます。

正論を伝える前に「受容」

「受けとる」ってどうするの？　というかたは、相手の話に口をはさまず聞いたあと、この一言を最初に伝えることを習慣化されたらどうでしょう。

「へぇ、そう思ったんだね」

しかし、どうしても「それは受け容れがたい。親としての思いもぜひ伝えたい」とおっしゃるかたは、いったん受けとる言葉を伝えたあとで、「私は……と思う」という言い方で自分の気持ちを伝えられたらどうかと思います。「普通はこうでしょ！」「常識ではこうするもんだ」という正論だけでは、残念ながらほとんど聞き入れられません。一方的に言いたいことだけを伝えてくる相手にはなかなか信頼を感じないものです。

コーチは言動一致

「お母さんは毎朝、『早く準備しなさい！』って言うけど、日曜日に出かける時は、皆がもう車に乗って待っているのに、お母さんがいつまでたっても出てこないんだよ」

「お父さんは『人の悪口は言わないように』って言ってたけど、会社の人の悪口をよくお母さんに言ってるよ」

子どもが親を観察する目には、ハッとさせられます。

私もコーチとしてのトレーニングを受けるなかで、師匠からこう教わりました。

「人にチャレンジを促す存在であるコーチ自身が、失敗を恐れず常にチャレンジしていなければ、相手も行動を起こす人にはならない」

子どもたちに伝えていることを自分自身が実践していてこそ、子どもたちも信頼してついてきてくれることを胆に銘じなければと思います。

親子というだけで、すでに築かれている信頼関係はもちろんあると思います。しかし、より尊敬するお父さん、お母さんの言うことなら、「言うことをきかせよう」とこちらがエネルギーを使わなくてもより素直に耳を傾けてくれるのではないでしょうか。

どうせ叱るなら、子どもを伸ばす叱り方を！

「叱る」ことについてのご質問もよくいただきます。叱るほうもかなりのエネルギーを使いますから、相手が伸びるように上手に叱りたいものです。

今回は、効果的な「叱り方」について考えてみたいと思います。

伝えるべきことはIメッセージで

「コーチングでは、叱ることはないんですか?」

「ほめてばかりだと甘やかしてしまうように思うのですが、叱らなくてもいいんでしょうか?」


コーチングのスキルの中に、「叱る」というスキルはありません。でも、コーチも時には叱ります。「叱る」というよりは、「相手の成長のために、伝えるべきことは毅然として伝える」という感じでしょうか。ただ、気を付けていることがあります。

「どうして、○○できないの?」という答えの出ない否定質問や、「早く○○しなさい」「そんなことはやめなさい」という命令形、「だから、あなたはダメなのよ」という相手を否定する言葉は使わないことにしています。

たとえば、セミナー中もずっと私語をしている生徒にはこんなふうに言います。

「真剣に勉強しようと思っている人もいます。その人の邪魔をしてほしくないと私は思います。ここは勉強する場所で、今は勉強する時間です。そのことはわかってくれているはずなのに、とても残念です」

相手の目を見て、真顔で強い口調で、しかし、冷静に丁寧に伝えます。責めるのではなく、「私はこう感じる」とＩ（アイ）メッセージで伝えます。そんなふうに言われると、相手はちょっと我が身を振り返ります。
もちろん、それでも素直に聞けない子や暴言を吐く子もいます。

「そんな言葉を言われると、私はすごく悲しい。このへんにぐさっと刺さった感じです。周りのみんなも同じ気持ちだと思います」

あくまで、気持ちを伝えます。

叱ったあとに質問する

そして、くどくどと叱らないこともポイントのような気がします。伝えたいことをはっきり伝えたあとは質問をします。

「私がこんなふうに言う理由は何だと思う？」

ここで、さらに心がけたいことは、答えを急がせないことです。「子どもが答えなくてもＯＫ！」というぐらいの気持ちでいることです。質問は確実に子どものなかに残ります。叱られた直後は、素直に聞けなかったとしても、質問されることで考えてみるようになります。

「どうすれば良かったと思う？」
「どうすることが良いことだと思う？」

と、本人の意識を、あるべき姿のほうに向けさせます。

期待をこめて叱る

以前、何かのテレビ番組で、担任の先生がクラス全員の子どもたちを叱っている場面を見ました。運動会か何かに向かって、クラスが一丸となって練習して取り組まないといけない時に、うまくいかないのは誰のせいだと、クラスが分裂しかかっていました。そんな状況に対する先生の一喝です。

「お前たちは何をやっているんだ？　それでいいのか？　みんなは、一つになれる仲間だろう。先生は、みんならやってくれると思っている。同じ方向を向けば、一人ひとりの力をもっと発揮できるはずだ」

そんな言葉を、涙をにじませながら、子どもたちに熱く語りかけていらっしゃいました。子どもたちもまた、目に涙を浮かべて受けとめていました。

「落ち込んでる場合じゃないでしょう。あなたなら絶対に夢を叶えられる。悔しかったらもう一度勉強しなさい。そんなところで終わるあなたじゃない！」

これは、第一志望の受験に失敗して落ち込み、いつまでも気持ちを切り替えられないでいたお子さんへのお母さんからの叱咤激励の一例です。

たとえ、否定形や命令形であっても、相手への信頼や期待がにじんでいれば響くものです。

「叱る」とは、相手を責めることでも、否定することでもありません。相手の成長を期待して背中を押すことなのです。

「○○しなさい」以外の言葉ってないのでしょうか？

「早くしなさい」「勉強しなさい」「返事ぐらいしなさい」

命令形で子どもに声かけをしている自分がほとほと嫌になったAさん、「わらにもすがる思いで」とコーチング講座にいらっしゃいました。わかっているけど、つい「○○しなさい」と言ってしまいます。

でも、言っても言っても変わらない子ども。言い続けなければならないストレス。それに代わる言葉はないのだろうか？　とAさんは考えました。ある時から、こんな言葉を使うようになったそうです。

命令形を現在進行形に

お子さんが学校から帰って、ゲームをしていると、

「今日も楽しそうに遊んでいるね」

おやつを食べていると、

「おいしそうに食べているね」

明日の準備を始めると、

「ちゃんと準備しているね」

歯を磨いていると、

「歯磨きしているね」

こんな感じです。

もちろん、少しでも宿題や勉強に向かうと、すかさず、

「勉強しているね」と伝えます。

はじめは、「早くしてほしいな」ともどかしい場面もありました。それでも、一呼吸置いて、現在進行形で伝えているうちに、気がついたことがあるそうです。

「命令形は子どもの存在をまず否定している言葉だなと思ったんです。『しているね』は、相手の存在を肯定的に認める言葉なんだなと。そうすると、子どもが私の言うことにも耳を傾けてくれるようになってきたんです」

たしかに、「今のあなたじゃダメだよ！」というアプローチを続けられて、人はなかなか

かやる気にはなれないでしょう。

フィードバックというスキル

Aさんのお話を聞いて、思い出したことがあります。ある中学校で、吹奏楽部の活動風景を少し見学させてもらったことがあります。顧問の先生が指揮者となって、合奏指導が行われていました。

実は、私も中学生のころ、吹奏楽部だったものですから、とても懐かしく、また一方で当時の緊張感がよみがえってくる光景にワクワクドキドキしました。先生が指揮棒を止め、演奏の注意点を生徒に伝える場面に出くわしました。

「そこ、Aの8小節目からなんだけど、楽譜上では、『急にフォルテ』と書いてあるね。君たちの演奏は、お化け屋敷でお化けが、こう、遠慮がちにおずおずと『うらめしやー』って出てくる感じに聞こえるね」

そうおっしゃる先生の上目づかいで腰が引けているお化けの演技もまたおもしろく、生徒たちも私も思わず声をあげて笑ってしまいました。そのたとえで、生徒たちは勘どころをつかんだのでしょう。

次の演奏では、「急にフォルテ」が上手く表現されていました。そのご指導ぶりに私は心の中で拍手喝采しました。

「ちょっとそこ! フォルテって書いてあるでしょ。ダメだよ。もっと強くしなさい。はい、もう一回」。

私の時代はこうでした。この厳しさがまた青春そのものだったのですが、いつもビクビクしながら練習していたように思います。

見たまま、感じたままを伝えることをフィードバックと言います。「良い」「悪い」という評価を加えず伝えることで、相手はどうすればよいのかを自ずと考えるのです。

事実をそのまま伝える

客観的な事実だけを伝えるフィードバック法もあります。動作が遅い子に「早くしなさい」と言い続けても、かえって緊張したり、自信を失ったりするばかりです。

「今、七時だね」

「昨日より五分早いね」

「三〇分でできたね」

事実を淡々と伝えることで、自分でペース配分に気付いていく子もいます。最悪なのは、

「なんでいつも時間通りにできないの？」

「だから、ダメなのよ」


という人格否定につながる表現です。評価を手放した言葉で伝えることで、より自発的に子どもは動けるようになっていくように思います。

子どもの「今」の気持ちに耳を傾けていますか？

子どもがやる気をなくす言葉はいろいろあると思いますが、返事をしたくなくなるのは

こんなキーワードが入っている言葉のように思います。


「どうして、いつもできないの？」

「また、そう思っているんでしょう？」

「今度もやらないつもり？」


「いつも」「また」「今度も」と決めつけられると、たしかに大人でもカチンときませんか？　私たちは、日頃、子どもの話を自分の価値観や憶測にあてはめて聞いてしまっていることはないでしょうか？

答えを持たないで聞く

ピアノ教室に行かないと言い出したK子ちゃんを説得しようと、Aさんは今日も必死でした。


「どうして行かないの？」

「……今日は行かない」

「またそう言って、次も行かないつもりでしょう！　一度休むとクセになるから、さあ、早く行きなさい」

「……」

「練習してないから、イヤなんでしょう？」

「違うよ！」

「じゃあ、どうして行かないの？　前も練習しないで行って、うまく弾けなくて、先生に叱られたって言ってたじゃない。行かないとよけいに叱られるよ」

「別にそういうんじゃないよ」

「先生に叱られるのが嫌なんでしょう？」

「先生は関係ないよ！」

「もういいから、早く行きなさい！」


それ以来、Ｋ子ちゃんは、お母さんに本音を話そうとしなくなりました。ある日、家庭教師の先生がこの時のＫ子ちゃんの気持ちを聞いてくれました。Ｋ子ちゃんは、練習不足を先生に叱られるから行きたくなかったわけではなく、学校でケンカをしてしまった友達と、その日、ピアノ教室で鉢合わせするのが嫌だったようです。Ａさんが思っていた「行きたくない理由」とは実はまったく別のところに理由があったのです。

似たようなことが、日常でも起きていませんか？　こちらが、勝手に「こうだ」と決めつけて話を聞いてしまい、本当の気持ちを聞き出せていないということはないでしょうか？　これが積み重なると、子どもは本音を話さなくなるばかりか、自分の本音すらよくわからなくなってしまいます。

だから、コーチは、自分の中に答えを持たないで聞きます。

「行きたくない」と言われたら、「何かあったの？」「行きたくない理由は何？」とまず、相手に尋ねます。昨日の理由が今日も同じかというと、それは聞いてみないとわからないのです。

今の目の前の子どもと対話する

セミナーや就職カウンセリングで高校生と接していますが、わずかな時間しか関わることができない私たちは、毎日、生徒たちと顔を合わせていらっしゃる担任の先生には絶対にかなわないと思っています。しかし、それを言っても仕方がないので、私はこう考えることにしています。

「担任の先生よりも絶対に有利な点が私にはある。それは、『この子がどんな生徒なのかまったく知らない』ということ。知らないことは強みなんだ。先入観なしのまっさらな状態でいつも向かい合えるのだ」と。

ですから、どんなに先生から「この生徒は最近、受験に失敗して、落ち込んでいると思います」などの情報をいただいても、いったん脇に置くことにしています。今、目の前にいるこの子が何を感じているのかのほうにしっかりと耳を傾けます。

「今はどうしたいと思っているの？」
「今、考えていることを聞かせてくれないかな？」
「そう思った理由は何？」

と聞いていきます。決して、「落ち込んでいるはずだから……」などとは思わないようにします。

そして、最後に必ず聞きます。

「ここまで話してみて、どう感じた？」
「ほかにある？」

これも大切な質問です。何か一つ答えた、その答えがその子のすべての気持ちではありません。何かひっかかりがあれば、全部聞きます。

「そう、ほかには？」

「もうない」と言うところまで聞きます。

そうして初めて、本人も自分で気持ちを整理でき、考えることができるようになるのです。子どもが自分で考えて解決する力を、こちらの先入観で邪魔しないようにしたいものです。

子どものメンタル面を鍛える言葉とは？

新年度が始まるときは、新しい学年を迎え、緊張感もありますが、一方で、やる気も芽生えやすい時期かと思います。

合格発表・卒業式の時期には、私のところにも、たくさんの嬉しいご報告が届きます。『ベネッセ教育情報サイト』に書かれていたことをそのまま子どもに対してやってみました。子どもがちゃんと自分で目標を達成しました！」などのご報告をとても嬉しく受けとりました。同時に、「素直に実践されたこの親御さんはすばらしいな！　自分の目標を達成したお子さんもすごいな！　やっぱり、みんな、やればできる力を持っているんだな」と感じ入りました。そんななかで特に感じたことは、やはり、

「言葉の力が、子どもたちのメンタルを支え、やる気や本来持っている力を引き出していくんだな」

ということでした。

自分を力づける言葉を持つ

難関校に毎年、たくさんの合格者を出している学習塾の先生から伺ったお話です。まず、子どもたちに教えていることは、「自分を力づける言葉を持つ」ということだそうです。

たとえば、

「私は大丈夫!」
「僕は絶対にできる!」
「私は必ず合格する!」
「僕は本当は天才だ!」

などの言葉です。

これらの言葉を子どもに伝え、自分で自分に、折々に言い聞かせるよう習慣づけるのだそうです。そうすると、「ダメだ」「難しい」とすぐあきらめてしまって、本番で力を発揮できないまま終わってしまう子どもでも、落ち着いて、本来の力を発揮できるようになっていくというのです。

力は持っているのに、気持ちで負けてしまう子どもたちが最近多いように思います。模擬面接でやってみたらできているのに、最初から「ムリです」と言って、就職試験に尻込みをしてしまう高校生も非常に多いです。

お子さんが言われて一番嬉しい言葉をご存じですか?　一般論ではなく、あなたのお子さんが一番嬉しいと思う言葉です。今まで、どんな言葉が、お子さんを一番力づけたでしょうか？　お子さんの自信につながったでしょうか？　一度、本人に聞いてみてもよいでしょう。そんな言葉を折々にかけつづけてあげることが、子どものメンタルを強化していくように思うのです。

夜寝る前の一言は大切

先日、お会いしたお母さんがおもしろいお話をしてくださいました。

「部活の大会がある日に向かって、毎晩、寝る前に冗談で、『優勝、優勝』って、子どもの頭をなでながら言ってたんです。そうしたら、うちの子が本当に優勝しました！　それで、また試してみようと思って、『国語の点が上がる。点が上がる』って、寝る前に子どもにささやきつづけました。それで、本当に上がったんですよ！」

ウソのようですが、本当の話です。寝る前の時間はとても重要だという話を聞かれたことはありませんか？　寝入る直前に聞いた言葉やイメージしたことは、潜在意識に入りやすいと言われています。

毎晩、子どもを力づける言葉や嬉しい言葉を伝え続けると、子どもにもその言葉がすんなり入っていくのだと思います。そうすることで、知らず知らずのうちに、プラスのセルフイメージが植え付けられ、心が鍛えられていくのです。

まちがっても、嫌なイメージを持ったまま不機嫌な気分で眠らせないようにしたいものです。

たとえ、**今日できていないことがあっても、「明日は必ずできるよ！」という言葉で**一日を締めくくってみませんか。その積み重ねが違いを生んでいくのではないでしょうか。

言葉の力は、本当に恐ろしいです。「できない」「ダメ」と言っていたら、その通りになります。「できる」「大丈夫」という力づけの言葉を、新年度から、大人も口癖にしたいものだと思います。

こんなとき、どうしますか

テストで思いどおりの点数がとれなかった、部活のレギュラーになれなかった、肝心な時に遅刻してしまった……など、子どもが思いどおりの結果を作れなかった時、どんな言葉かけをなさっていますか。

「なぜ、もっとがんばれなかったの？」

「なぜ、いつもできないの？」

否定形でつい原因を聞いてしまうこともあります。これによって強化されるのは、「あなたはがんばれない人」「あなたはいつもうまくいかない人」という自己暗示です。恐ろしいですよね。

「大丈夫、大丈夫！」

「次、がんばろう！」

と励ますことで、次の行動へ踏み出せる子どももいるでしょう。しかし、激しく落ち込んでいる時には、「そんなこと言われても……」という気持ちになってしまったという経験は誰しもあるのではないでしょうか。

コーチ側が、失敗は「良くないこと」「してはいけないもの」ととらえて、相手と接するのではなく、「失敗によって得た成果もある」「失敗は何よりの学びの機会」ととらえて接することによって、次の行動に違いが生まれるように思います。

とはいえ、どんな言葉かけよりもまず、失敗して落ち込んでいる気持ちをしっかりと受けとめてあげることが大前提です。「今回は、思いどおりの結果ではなかったけれど、次は結果を出す人」として接し続けることです。子どもたちは、ちゃんと次に活かせる「強さ」を持っています。

Ⅱ

言っていませんか？

（やる気を引き出さない言葉）

「勉強しなさい」がやる気をなくす!?

かえってやる気が失せる瞬間

先日、ある中学校で全校生徒に対して「やればできる！」というテーマでお話をさせていただきました。帰宅すると、まったく知らないかたからメールが来ていました。

「はじめまして。私は、○○中学校に通う娘を持つ母親です。娘が帰宅するなり、『今日、学校に石川さんという人が来て、こんな話をしたんだよ！』とイキイキと報告をするのです。最近、娘が学校であったことを自分から親に語るなんてなかったのでびっくりしました。『お母さん、ああいう人は言うことが違うんだよ！　勉強しろなんて一言も言わないんだよ。でも、すごくやる気になったよ』と言うのです。石川さんとはいったいどんなかたなのかと思い、ホームページで調べてメールをさせていただいたしだいです」

とても嬉しいメールでした。すばらしい感性を持ったお子さんだなと思いました。そして、あらためて、「『勉強しなさい』と言わなくてよかった！」と思いました。

子どものころ、こんな覚えはありませんか？

「やっぱり宿題やってから遊ぼうかな」と思っていたところに、「さっさと宿題やってしまいなさいよ！」と親から一喝。その瞬間に、やる気が失せてしまう。

本当に不思議ですね。自分でも「やろう」という気持ちになっていたのに、人から言われると急にやりたくなくなる瞬間があります。特に、子どもたちは、「やれ」と言ったことはやらないくせに、「やるな」と言ったことはやってみたくなるようですね。

人はどうやら人から指図されるとよけいに自発的になれないようなのです。

子どものやる気を引き出す「コーチング」とは

ですから、相手の自発性を引き出し、相手の目標達成を支援する『コーチング』では、「あしなさい。こうしなさい」と言い聞かせる代わりに、より効果的な手法を使ってコミュニケーションをとっていくのです。

以前、中学校のPTAの研修会で、コーチングについて一時間半ほどお話をさせていただいたことがありました。そこに参加されていたお母さんが、私がお伝えしたコーチングの基本ポイント（次ページの三点）を、研修会後、とにかく忠実に実践されたそうです。

(1) 子どもの話を聴く
(2) 質問をして子ども自身が考えるよう促す
(3) よいところはどんどん認める

半年後、「志望校の難易度を一つ上げて受験した高校に無事合格しました！」という報告をいただきました。これには、正直、私もびっくりでした。たった一時間半の研修会に一回参加されただけなのです、このお母さんは。コーチングの仕事をしていると、本当に感動することばかりです。

勉強する楽しさ・意義・目的を子どもたちが自分で見出せたのなら、子どもたちは驚くべきエネルギーで勉強し始めます。コミュニケーション一つで、それは可能なのです。

「なぜ、できないの？」と言っていませんか？

「宿題やったの？」

「まだ……」

「なぜ、やらないの？　早くやってしまいなさい！」

「後でやる……」

「なんで、いつもさっさとできないのよ？」


言っていませんか？　こんな言葉。気が付いたら、口から出てしまいます。これで、果たして子どもはやる気になれるでしょうか？

「わかってはいるけれど、つい言ってしまう。言わずにはいられない。なぜ、いつも私は上手に言えないんだろう？」

ほら、自分にも、日頃からこの質問を投げかけていませんか？　やる気になれますか？

やめませんか、この質問。

未来に向かって肯定的に質問する

「なぜ、できないの?」という質問は、質問の形をしていますが、相手を責めるニュアンスに満ち満ちています。質問する側も理由を聞きたいというよりは、どちらかというと相手を叱るモードです。この「なぜ」を伴った「否定質問」をされて、前向きになれる人はあまりいません。


「どうすれば、勉強を始められるかな?」

「え? ……やる気になったら」

「うん。どうすればやる気になれる?」

「……うーん、今はムリ」


と、いきなり玉砕することもあるのですが、どうでしょう?

「なぜ、できないの?」

と聞かれるのと比べて

「どうすればできる？」

と聞かれると、思考の向かう先が変わる気がしませんか。

たとえ玉砕しても、引き続き、コーチは可能なことを聞いていきます。

「いつだったら、やる気になれそう？」
「何があったら、やる気になれるかな？」
「何から始めると、やる気になれる？」

未来に向かって肯定的に質問をしていく。これがコーチングの特徴です。すぐに答えが返ってこなくても大丈夫です。質問を投げかけておくことによって、子どもの中で、その問いはちゃんと残っていきます。

今まで、「こうしなさい。ああしなさい」と言われるばかりで考える余地を与えられなかった子どもほど、考えることに慣れていませんから、なかなか答えられません。

大切なことは、答えが返ってくることではなく、未来に向かって肯定的に子どもたちが考えられるよう習慣付けること。そして、最も大切なことは、「この子は、ちゃんとやれるんだ」というところに立って、こちらが問いかけ続けていくことです。

できない原因はちょっと脇におく

就職カウンセリングの現場でも、失敗して落ち込んだり、やる気になれなかったりする生徒が、急に前向きになって具体的な行動について語り出すことがあります。それはどんな時かというと、**「肯定質問」＋「未来質問」**を使って対話をした時です。

「そっか、思ったように面接試験で話せなかったんだね。（いったん受けとめる）
次は、どうすればうまく話せると思う？（肯定質問＋未来質問）」

「なぜ、うまく話せなかったの？」と質問するよりも、子どもたちの視点が前に向かいやすくなります。

ところが、意外と私たちは、「否定質問＋過去質問」で子どもたちに質問していませんか？

たとえば、

「なぜ、できなかったの？」
「どうして、やらなかったの？」

こんな感じです。残念ながら、相手を追いつめるか言い訳しか引き出せません。

仮に「できない理由」がわかったところで、できるための方策や意欲が引き出されるかというと決してそうではないのです。原因を究明して、解決策を考えることは大切です。しかし、原因にばかり焦点をあてていると、よけいに動けなくなってしまう場合もあります。

「今、できること」を考えて、まずやってみる。それで、解決することもあるのです。「どうすればできるの？」は「できる」という立ち位置に立っているからこそ、発せられる質問です。「できる」というところに立つことで初めて、可能な方法が見えてくるのです。

ですから、どうぞ、自分自身にも

「なぜ、できないの？」ではなく、「どうすればできるの？」と日頃から問いかけるようにしてみてください。

「がんばれ！」ではがんばれない？

「試験勉強、がんばってね！」

「数学、がんばろうね！」

私たちは、この「がんばって！」を実によく使っています。たしかに便利な言葉です。応援したい気持ちを言葉にして伝えたい時、自然と出てきます。決して、悪気があって使っている言葉ではありません。

「コーチングでは『がんばれ！』を使いません」と言うつもりはありませんが、たとえば、「がんばれ！」と言われた子どもがこんなふうに感じていたとしたらどうでしょうか？


「がんばらないと。親をがっかりさせられない。でも、自信ない。すごいプレッシャー」

「がんばってないわけじゃないよ、私。がんばってるとこもちゃんと見てほしい」

「『がんばれ』って言うだけだし楽だよね。自分は何もしないくせに」

たとえば、と言いましたが、これらはすべて私が関わった子どもたちの生の声です。

「がんばってるね」でまたがんばれる

以前、高校野球のコーチをなさっているかたから聞いたことがあります。

「選手がもっと自発的に練習に向かうようにするには、『がんばれ！』と言わないことです。『おお！　今日もがんばってるなあ。あんまり練習し過ぎるなよ！』こう言ってやると不思議とますます熱心にやるのですよ」

よかれと思って言っている、あるいは無意識のうちに言っている「がんばれ！」という言葉、もしかしたら、もっと効果的な声かけがあるのかもしれません。たしかに、試験前の子どもに「勉強、がんばり過ぎるなよ！」とはなかなか言えないかもしれません。親としては、とても勇気が要る言葉です。ところがこんなことを言う中学生がいたのです。

「親は『勉強しろ！』ってうるさいから余計にやる気がなくなるんだけど、たまに、おばあちゃんが来て、『いつも元気でがんばってるね』って言われると、そんなことないけど、ちゃんと勉強もやろうかなって思っちゃうんですよね」

子どもって本当にあまのじゃくですね。

改善されたことは見逃さない

「着替えたら、制服はハンガーにかけといてね、っていつも言ってるでしょ！」

お母さんは、脱いだまま放り投げられている娘の制服がいつも気になって仕方がなかったそうです。何度言っても変わりません。この日も……

「ほら！　また。制服、ちゃんとかけなさい‼」
「なんで、お母さんは私がやってない時だけ言うの？　ちゃんとかけてる時は何も言わないくせに！」

子どもから言い返された一言で、このお母さんは、はっと気付いたそうです。たしかに子どもの言うとおりだ。やっていない時だけ小言を言っている。「やりなさい」と言ってしまう。でも、ちゃんとやっている時にはまったく声をかけていなかった。

注意をして改善されたことは決して見逃さないで、必ず「認める」ことが自発性を引き出していくように思います。

高校生の就職セミナーを担当している時もそれを顕著に感じます。

「気持ちのいいあいさつができてるね！」

多少、お辞儀の角度が甘くても声に元気がなくても、そう言い続けていると、どんどんどんどんよくなっていきます。

「さっきよりもずっと元気があって感じがいいね！」

ますます意識が「きちんとしよう！」というところに向かうようです。

一生懸命やったのに、思いどおりの結果が出なくて落ち込んでいる時にも、

「次はもっとがんばろうね！」

よりもむしろ

「いつもがんばってるよね。よくやってるよね」

と言ってもらえるほうがずっと救われるような気がしませんか。

人のやる気には、指示命令型の言葉よりも、**まず「認める」言葉が機能する**のです。

他の子と比べてしまいませんか？

以前、スキーをするのはまったく初めて！　というご家族とスキー場でご一緒しました。子どもたちは、「雪を見るのも生まれて初めて」という状況です。初めは、恐る恐る大人につかまっていた子どもたちですが、二〜三度リフトで上がって下りてくることを繰り返しただけで、すっかりコツをつかんだようです。子どもたちの飲み込みの速さとバイタリティには本当にびっくりさせられます。「もう一回！」と言って、休むことなくいつまでも滑りたがるのです。大人のほうが先に疲れてしまいました。

子どもたちは、どんな時に、「もう一回！」と前に向かう行動を起こしたがるのでしょうか？　逆に、どんな時に、やる気を失ったり、不安になったり、投げやりになったりするのでしょうか？

自分の成長を実感させる

ある大学生が自分の中学生時代のことを振り返って話してくれたことがあります。中学生になり、学校の勉強についていけなくなって、塾に通い始めたそうです。ところが、基礎が身に付いていないので、塾の授業にもついていけないのです。周りの子どもたちと比べて自分が落ちこぼれていることがとてもつらかったと言います。しだいに勉強に対するおもしろさや意欲を失くしていきました。

そんな時、塾の先生が塾の方針どおりに教えるのではなく、小学校でやるような基礎の基礎から教えてくれたそうです。すると、やったところは少しずつテストでも点数がとれるようになっていきました。それがとても嬉しくて、勉強する喜びを感じたそうです。「次はもうちょっと点がとれるかも。次もがんばりたい！」と思えるようになってから、成績も上がり、さらに勉強に対する意欲も上がっていったと語ってくれました。

「なんだ、やってみたらできた！」
「次もやれるかも！」

この感覚が持てるようになると、子どもたちの行動はどんどん前に向かうようです。つまり、自分自身の成長を実感できた瞬間なのです。私たちは、日頃、子どもたちがどれだけ「自分の成長」を実感できるようかかわれているでしょうか。昨日よりも今日、できるようになったことは何か、改善されたことは何かに目を向けていたいものです。

「言われなくてもできるようになったね」
「前よりずっと上手になったね」
「いつもより五分も早いね」

などの声かけが子どもたちの「もう一回！」を引き出すのではないでしょうか。

他の子ではなく以前の本人と比べる

自閉症の子どもを持ったことで大変悩んだお母さんがいらっしゃいました。「よその子はもうしゃべっているのに、うちの子はどうして言葉が出ないのだろう？」「よその子はみんなと仲良くできるのに、うちの子はどうしていつも一人なんだろう？」。そう思っているうちはとてもつらかったそうです。

苦しんで苦しんだ末に行きついたのは、「よその子はよその子。うちの子はうちの子」という結論でした。そう思って我が子と接していると、

「あれ？　ちょっと言葉が出るようになってきたみたい！」

「今日は、自分から話しかけてくれた！」

と、ささやかな成長を喜べるようになったそうです。それからは毎日がとても楽しく、今日はどんな成長が見られるのかと思うとワクワクして接するようになったそうです。

人が悩む時というのは、けっこうこの「他の人と比べて、私は……」と考えてしまう時ではないでしょうか。

子どもたちも同じです。子どものころ、きょうだいや友達と比べられてつらかったという体験を持っている人も意外と多いものです。

以前の自分と比べてどう前進したかを親子ともに実感できる問いかけをしていきませんか。

「去年と比べてできるようになったことは？」
「前はどれぐらいの時間でやってたっけ？」

子どもたちの「自分ってけっこうスゴイかも！　もっとやれるかも！」をたくさん引き出してあげてください。

子どもを混乱させていませんか？

「うちの親、言ってることわかんない」

「話、通じてる感じがしないんだよね」

「こっちの言いたいことは聞いてないから、話すのめんどくさい」


私が接している高校生たちが時々言う言葉です。

どうやら、子どもたちは大人とのコミュニケーションの中で、時々「?」と感じることがあるようです。大人が言っていることと自分が感じていることのギャップに混乱してしまうようなのです。たとえば……

「表情」と「音声」「言葉」を一致させる

「お母さん、このお菓子食べてもいい?」

「食べればいいでしょ。勝手に‼」

不機嫌そうな声で投げやりに言われたらどうでしょう？　素直に食べられますか？

「あれ、食べちゃいけないのかな。食べるなってこと？」という気持ちになりませんか？

「怒ってないから言ってごらん！　怒ってないから‼」

怖い顔で厳しく言われたらどうですか？

「どう見ても怒ってるくせに。正直に言ったらもっと怒られるに違いない」と、子どもならずとも思ってしまいます。

「あなたの将来のためを思って言ってるんだから、ちゃんと勉強しなさい‼」

ヒステリックに強い口調で言われるとどんな感じがしますか？

この言葉を言われて、「誰もお母さんにそんなこと頼んでないよ」と思わず言い返したという子どももいました。

言葉では「ＯＫ」と言いながら、表情や音声（声のトーン、イントネーションなど）が言葉と一致していないと子どもたちはたちまち混乱してしまいます。大人を信じられなくなるのです。**「何を」言われているのか**よりも、**「どんなふうに」言われているのか**に、子どもたちはけっこう敏感なのです。

子どもの感情を否定しない

受験や部活動の大会など、何かにチャレンジする場面で、子どもが「緊張するー」と言って震え出したとしたら、何と言ってあげますか？

「そんなに緊張しなくても、大丈夫だよ！」

などと励まそうとしてしまいますよね。これが間違っていると言うつもりはありませんが、それで子どもの緊張感はなくなるでしょうか？

「自信ないよー」
「そんなことないよ。がんばって！」

これで自信はわいてくるでしょうか？

逆に「緊張している自分はダメ！　自信がない自分はダメ！」とプレッシャーを感じたりしませんか？

「緊張している」のに、それを「感じないようにしようね」というアプローチはかえって子どもたちを混乱させてしまいます。

「自分はこう感じた」と言っているのに「そんなことないよ」と言われたら、「そんなふうに感じてしまう自分が間違っているんだ」ととらえてしまいます。
そして、それが繰り返されると、子どもたちの**「感じる力」**を奪ってしまうことにもなりかねないのです。

「緊張するー」
「そう、緊張してるんだ」

まず、子どもの感情は否定しないで受けとめてみてください。

「他にどんな気持ちがある？」

これは違和感がある質問かもしれませんが、相手の中にある気持ちをどんどん引き出していくことで、子どもが自分の中で起きていることをしっかり観察できるようになります。

「え？　怖い……」

「そう、怖いんだ。他には？」

「自信がない」

「うん、自信がないんだね、他には？」

「でも、がんばっていい結果を出したい」

「そう、いい結果を出したいと思ってるんだね。他にある？」

「あとは大丈夫。がんばってくるね！」

自分が感じていることをそのまま受けとめてもらえることで、落ち着いてきます。

緊張感や自信のなさはあってもいいのです。それを**しっかり受けとめてもらえたという実感**が大切なのです。くれぐれも表情と音声にも気を付けて、そのまま受けとめてあげてくださいね。

子どものディスカウント、やめてください！

先日、私の講演会に、大学一年生の息子さんと一緒に参加されたお母さんがいらっしゃいました。こんな良いお天気の日曜日に、親子そろって足を運んでくださって、本当にありがたい気持ちになりました。息子さんもお母さんも終始とても熱心に、私の話に耳を傾けてくださいました。

「すばらしい息子さんですね！」

私は、思わず、終了後にお二人に声をかけました。

「え!?」

お母さんのほうは、まさに「目が点」の状態で、眉間にしわを寄せたまま、絶句してしまわれました。

「え!?って、お母さん、そんな……」

お母さんのうろたえぶりに私のほうも、次の言葉を失ってしまうほどでした。

このお母さんのこのあとの言葉は、私のこれまでの経験値をはるかに超えるものでした。

子どもへの承認を受けとる

「え!? そんな、すばらしくなんかないですよ! ぜんぜん!! もう、何考えてるんだかわからないんですよ、うちの子。のん気っていうか、いつもフラフラしてて、大学入って、何か勉強してるわけでもないし、目標もないみたいだし、ぜんぜん家では話さないし、夜、遊びに行ったまままいつまでも帰ってこなかったりすることがあるんですよ。この前なんか……」

ここまで力をこめて反論されることはなかなかありません。しかも、お母さん、今、『コーチング』の講演の中で、「**子どもの長所を認める**」という話をしたばかりじゃありませんか。

息子さんのほうは「また、始まった」という顔で、私に向かって苦笑いをしていました。

「お母さん、息子さんはわざわざ、お休みの日に、この講演会に参加されたんですよ。そんな奇特な大学生はいませんよ。それだけでもすばらしいと思いませんか」

これだけはなんとかお伝えしました。

「そんなに自分の子どもをディスカウントしなくても」と思うことがあります。日本人特有の「謙遜《けんそん》」なのだとは思いますが、このお母さんほどではなくとも、このような親御さんはけっこう多いと思いませんか？

「そうですか～！　ありがとうございます。石川さんにそのように言っていただけて、とても嬉しいです。息子も励みになると思います」

せめて、これぐらい言っていただくと、承認した私も力づけられますし、何より、目の前にいるお子さんがどんなに力づけられるでしょうか。自分のことを誰かが認めてくれるたびに親が目の前で否定する。これが、小さなころからずっと続けられてきたとしたら、まるで、子どもを「できの悪い子」とマインドコントロールしているようなものです。お子さんへの承認は、ぜひ感謝の気持ちを持ってすべて受けとってください。

第三者からの承認を伝える

そして、もし、その場にお子さんがいらっしゃらない状況だったら、あとでちゃんと本人に伝えてあげてください。

「今日、○○君のお母さんと会ったんだけど、あなたのことを礼儀正しい子だってほめてくださったよ。お母さん、とっても嬉しかったわ」と。この一言がまた、子どもの自己肯定感を高めるのです。

この第三者からの承認を間接的に伝えられるというのは、直接言われるよりも、実は数倍嬉しい！　という効果があります。そのようなご経験はありませんか。

「○○さんが、あなたのことをとても素敵な人だって言ってたわよ！」
「あなたの発表がいちばん良かったって、あの厳しい○○先生が言ってた！」

などと言われると、とても嬉しいものです。直接言われると「お世辞かも」とつい思ってしまうことも、間接的に聞かされると妙に信頼性が高いように感じてしまいます。

ぜひ試してみてください。

その言葉、子どもを力づけていますか？

久しぶりに実家に帰省してきました。遠距離なうえに、忙しくしているので、そうたび帰れません。今回も一年半ぶりです。飛行機を乗り継いで、ようやくたどり着きました。「ただいま～‼」。実家の玄関を意気揚々と開けた私に、母は開口一番。「帰ってきて早々で悪いんだけど、まず手洗って！　うがいして‼」。

たしかに、全国的にインフルエンザが流行していることは言われるまでもないことなので、気持ちはわかるのですが、せっかく久しぶりに実の娘が帰ってきたというのに、「お母さん、それはないでしょう」という気持ちです。

せめて、「遠いところ、よく帰ってきたね。お疲れ様！」程度のことは、最初に言ってほしいものです。

よかれと思って伝えている子どもへの言葉、その言葉は本当に子どもを力づけていますか？　動機づけていますか？

今回は、「やる気を引き出さない言葉」と「やる気を引き出す言葉」を対比してまとめてみました。ご参考になると嬉しいです。

■「なぜ?」の詰問vs「何?」の質問

「なぜ、できなかったの?」⬇「うまくいかなかった理由は何だと思う?」

「なぜ、遅刻したの?」⬇「何があったの?」

「なぜ、そんなことをしたの?」⬇「何をしようと思ってそうしたの?」

「なぜ、いつもやらないの?」⬇「何からだったらできるかな?」

■後ろ向きな質問（否定質問）vs前向きな質問（肯定質問）

「どうしてできないの?」⬇「どうすればできるかな?」

「勉強しないとどうなると思う?」⬇「勉強したらどんな良いことがあるかな?」

「できなかったらどうする?」⬇「これができたら、次はどうする?」

「このままでいいと思ってるの?」⬇「どうなりたい?　どうすればよいかな?」

■否定的な表現vs肯定的な表現

「本当に気が小さいね。もっと自信を持たないとダメでしょ」⬇「気が小さいというより慎重なんだね」

「くよくよしないで。落ち込んでいる暇なんてないよ」➡「反省しているんだね。向上心があるからなんだね」

「今回良かったからと言って調子に乗らないようにね」➡「だんだん調子が上がってきたね。良い感じだね。この調子でどんどん行こうね！」

■**限定質問（Yes/No で答えられる質問）vs 拡大質問（相手の考えをたずねる質問）**

「準備はできた？」➡「今、どこまでできてる？」

「がんばってる？」➡「今日、力を入れたのはどこ？」

「やる気あるの？」➡「自分のがんばり度は何点ぐらいかな？」

「本当にできるの？」➡「確実にやりとげるためにはどんなことに気をつける？」

■**欠点の指摘 vs 成果の承認**

「国語は良いけど、数学をもうちょっとがんばらないとね」➡「国語、よくやってるね！本当にあなたにはやれる力があるよね」

「惜しいね。ちょっと注意が足りなかったね」➡「ここの部分、今回よくできたね！さらに注意するともっと良い結果が出るね」

■**否定 vs 受容**

「そうじゃないでしょう」⬇「なるほど、そう思ったんだね」

「そんな考えでは世間に通用しないと思う」⬇「あなたはそう考えるんだね」

■心配 vs 信頼

「大丈夫？　できる？」⬇「あなたならきっとできる」

「間に合わないんじゃないの？」⬇「きっと時間どおりにできるよね」

「どこに行ってたの？　心配したじゃない」⬇「帰ってくるとは思ってたけど、顔を見て安心した」

もちろん、これらは、このとおりに言えばすべてうまくいく！　という魔法の言葉ではありません。ただ、⬇のあとに示した言葉を大人が多用していくことで、子どもたちの視点や思考は、確実に「肯定志向、未来志向」になっていくのではないでしょうか。

「自分は大切な存在として扱われている」「自分と未来には可能性がある」と実感できれば、子どもたちはどんどん自発的、意欲的になっていくのです。

子どもの邪魔をしていませんか？

「推薦入試に失敗して、落ち込んでいるみたいなんです。こんな時、どう接したらいいでしょうか？」

「試験が近付いてきて、イライラしているようで、何かしてあげたいのですが……」


講演会のあと、質問があるというお母さんがたに取り囲まれることがあります。こうして、講演会にいらしたり、本を読まれたりして、とても熱心にお子さんのことを考えていらっしゃるお姿には、ただただ敬服します。一方で、その熱心さにこちらもたじろいでしまうほどの時があります。

「いいんじゃないですか？　そっとしておけば……」

そんな答えじゃ許さない！　という気迫が感じられて、私も正直なところ、回答に困ることがあります。

そんな時に、ふと思い出すのです。引きこもりを克服して、今、イキイキと仕事をしている友人のことを。

ただ見守る

「私が引きこもっている時に、親が心配して、あれこれ言葉をかけてくると、よけいに落ち込んだ。『この本でも読んでみたら?』とプラス思考を促すような本を渡されたりすると、さらに頭にきた。親が私のために何かしようとすればするほど、プレッシャー。でも、気分転換に、親が自分の趣味に没頭するようになってから、こっちも気が楽になってきた。私も何かやってみようかなって」

彼女はそんなふうに過去をふりかえって話していました。

毎年、全国大会で優勝争いをするようなテニスの名門校出身のかたの言葉も印象的でした。

「思えば、私たちは、先生からテニスを教わったことが一度もないんです。『好きにやれ』という感じで、練習メニューも自分たちで考えていました。『あれをしちゃいけない』『それではダメだ!』というものがないんです。自分たちはのびのびといつまでも練習していました」

なかなか大胆な先生ですが、すばらしいですね。

そういえば、「ほらほら、横から車、来てる！」「ちょっと、ブレーキ！　ブレーキ！」と、車の運転中、隣からごちゃごちゃ言われると、イライラしませんか？　自分のペースが乱されて、よけいに上手くできなくなってしまった経験などありませんか？

「ただ見守る」というのは、**「何もしないこと」**ではなく、**「相手の力を信じる」**ということです。「親として、何かしてやらなければ」が、時には相手を邪魔していることもあるかもしれません。「過干渉、過保護も虐待のうちのひとつ」と言う先生がいらっしゃいました。そうだとすると、怖いですね。**「信じて見守る」**姿勢が、何よりの激励の場合もあるのです。

「管理しない」ことで成長促進

私が今、授業に行っている大学では、チャイムが一切鳴りません。もちろん、一時間目は何時から何時までという時間割は決まっていますので、教員も学生もその時間に合わせて教室を移動し、授業を始め、終わります。うっかり盛り上がると、延長授業をしてしまいますから、こちらも時間管理に気を付けます。学生側の自己管理能力もおのずと高まります。

授業中は、「しっかり聞いてくださいね」「積極的に参加してくださいね」などとはあえて言わないで進めますが、「今日のポイントはここなので、ノートをとりたい人はメモしておいてくださいね」と言うと、たいてい全員がノートをとり始めます。授業が終わってから、「さっきのところ、もう一度教えてください」と聞きにくる学生さえいます。

人は、あまりたくさんのことを言われたり、強制されたりしないほうが、伸びていくのかもしれません。

日頃、**私たちがかけている言葉や向けている関心が、相手を委縮させ、邪魔をしていないのか、時々ふりかえってみる**ことも必要だと感じます。

「あなたのためだから」がやる気を奪う

「『十五年間生きてきた中で、良いことは何一つなかった』と、子どもが作文に書いていて、もう悲しくなりました－！」

と、嘆いているお母さんがいらっしゃいました。

「私も仕事をしていて、忙しくはしていたけれど、それでも、時々、旅行にも連れて行ってやったし、遊園地にも連れて行ったし、それなりに楽しいことはあったと思うのに、いったい、どうして⁉」

そうおっしゃるお母さんのお気持ちもわからないではありません。ショックでしょう。この子のためを思っていろいろやってきたのに、「良いことは何一つなかった」と言われたら、悲しすぎます。

ところで、このようなお話を聞くたびに、いつも、浮かんでくる疑問があります。

本人の意志を聞く

「そもそも、この子にとっての『良いこと』って何なのだろう？」
「この子は、どうしたいと思っていたのだろう？」
「この子の気持ちはどうだったのだろう？」

などの疑問です。

親が、「この子のため」と思って言っていることややっていること、それらを子ども自身はどう感じているのでしょうか？

「あなたのためだから。あなたのためだから」と言われて、残業を押しつけられたり、デザートを取り上げられたりして戸惑うというコマーシャルがしばらく前にありましたが、自分の意志は脇に置かれ、自分の行動を誰かに決められてしまうことで、人はやる気になれるのでしょうか？

「だって、ちゃんと勉強して、それなりの学校に入ることが、この子の将来のためでしょう！」

そのお気持ちもわかりますが、一度、本人の気持ちに耳を傾けてからでも、遅くはないと思います。いえ、「あなたはどうしたいの？」と聞いて、本人の想いを受けとったあとでなければ、子どもは聞く耳を持てません。

「あなたのためにこんなにやってあげたのに」

と、親があとで思っても、

「誰も頼んでないよ！」

というのが子どもの本音です。

いったん全部受けとってからアドバイスする

Nさんは、中学生のころ、ホテルや空港などで接客の仕事をすることにあこがれていました。たまたま、臨時教員で来ていた先生に相談をしたら、「それだったら、大学より専門学校に進んだほうが、実務を学べて、就職には有利よ」とアドバイスされ、すっかりその気になりました。ところが、Nさんの両親は、大学に進学してほしいと思っていました。

「進路、どうしたいと考えているんだ？」

高校生になったNさんにお父さんがたずねました。

「専門学校に行くよ」

「そうか、専門学校か。大学という選択肢はないのかな？」

「ないない！　専門学校のほうが、将来やりたいことがやれる」

「そうか」と言いながら、お父さんはNさんの主張を黙って聞いてくれました。

最後に、

「お前がそう考えるのならそれも良いが、もし、あとになって、もっとやりたい仕事が見つかった時に、専門学校では融通がきかないとお父さんは思う。大学に行った人にしか得られない人脈、経験もある。それを得てからでも遅くないと思うよ」

このアドバイスが、なぜか、Nさんの中にはずっと残りました。結果として、Nさんは大学に進学しました。当時あこがれていた仕事ではなく、今では、もっと「この仕事に出会えてよかった」と心から思える仕事をしています。

そして、時々、思い出します。「あの時の父のアドバイスは、今思うと本当にありがたかった。たしかに、大学に進学して選択肢が広がった。素直に聞き入れられたのは、私の気持ちも尊重してもらえたからではないか。あれは、まさしくコーチングだった」

親の気持ちを一方的に押しつけようとせず、まずは、**子どもの気持ちを聞く姿勢を持つ、意見が違ってもいったん受けとめ、尊重する**、それがあって初めて、親の真意が伝わるのではないかと思います。

ちなみに、Nさんというのは、恥ずかしながら、私自身です。

手を出しすぎていませんか？

先日、あるレストランで食事をしていましたら、隣の席に小学校低学年ぐらいのお子さんを連れたご家族がいらっしゃいました。和やかに食事をしている最中、お子さんがはしゃぎすぎたのか、テーブルの上に食べものを落としてしまいました。そればかりか、持っていたフォークまで床に落としてしまいました。

さて、こんな場面で、あなたならどう対応しますか？　小さなお子さんがいらっしゃるご家庭では、よくある状況かもしれませんが、私がこのあと見た光景は、なかなかお目にかかれないお母さんの姿でした。

まず子どもが自分で考えるよう促す

私がよく見かける光景というのは……

「もう、何やってるのー？　だから、『じっとして食べなさい』って言ったでしょう」

と叫ぶお母さん、顔をしかめながら、親がテーブルの上の食べものを拾う、テーブルを拭く、「自分で拾いなさい」と言ってフォークを拾わせる、あるいは、「すみませーん」とお店の人を呼んで片づけをお願いする、「もう、良い子にしててよ！」とトドメをさす、こんなところでしょうか。

ところが、このお母さんの対応は、このどれにもあてはまりませんでした。

「あら、どうしたの？」

きわめて冷静に問いかけました。

「落としちゃった」

「うん、どうするの？」

（うわー！　この、お母さん、**拡大質問〔相手の考えを引き出す質問〕**を投げかけたよ！）

私は、こっそり観察しながら、内心、とても感動していました。

お子さんは、少し考えて、落ちた食べものをお皿に戻し、自分でフォークを拾いました。

（おお‼）と驚いている私の横で、フォークを持って立ちあがったお子さんは、お店の人のところまで言って声をかけました。

「すみません、落としちゃったんで、かえてください」

（す、すばらしい！　そこまで自分でできるんだー！）

そんな我が子の行動を見守っていたお母さんは、お子さんがテーブルに戻ってくると、

「新しいのにかえてもらえてよかったね。これからはどうする？」

（うわー！　さらに、拡大質問ですか⁉　お母さん！）

「落とさないように食べる」

「そうね。それだとお店の人にも迷惑かけないし、お母さんも安心」

私は、心の中で大きな拍手を贈っていました。

失敗こそ問題解決力を伸ばす機会

子どもが何かミスをしてしまった時、困っている時こそ、問題解決力がつく絶好の機会ではないでしょうか。手を出さず、

「どうしたの？」
「どうしたら良いかな？」

と考える機会を与えたいものです。

子どもが粗相をすると、つい、手を出してしまいたくなります。たしかに、こちらが対応したほうが早いと思ってしまうこともあります。

「はい！　お片づけしてー。もう帰るよー」と言いながら、子どもが出したおもちゃを親がどんどん片づけていくかたも意外に多いですね。これを続けるとどうなるでしょうか？

《結局、後始末は誰かがしてくれるもの》と子どもは無意識に感じるようになってしまうのです。私は高校生と話していて、それをとても感じます。

「どうしたいかわかんないしー」

自分の進路選択なのに、まるで他人事のようなことを言います。うまくいかないと、

「言われた通りにやってもダメだった」

と責任を転嫁します。自分の課題を自分で考え乗り越えていく力が弱いように感じます。

手を出されるとかえってやる気になれない

私の友人が、ついにスマートフォンを使い始めましたが、操作になじめず、もたもたしていると、隣からお子さんが指を出してきて教えてくれるそうです。

「これがもう！　ほんっとにムカつく！」と友人は言っていました。せっかく自分で覚えようといろいろ試しているのに、横からあきれ顔でつつかれると、イライラするのだそうです。

日頃、逆の立場のお子さんも同じ気持ちなのかもしれませんね。しばらく、手を出さず、自分で考え、自分で試す時間を増やしてみるのはどうでしょう。

こんなとき、どうしますか

「ねえ！　お母さん、見て見て！　こんな高いところまで上がれたよ！」

「何やってるの！　そんなところに上がって。危ないでしょ。早く降りてきなさい!!」

「今日ね、体育でね、サッカーをするんだけど」

「いいから！　早く食べてしまいなさい。遅れるよ！」

「はあー、やっと試験終わったー！」

「でも、すぐ期末がくるからね。気をぬかないでね」

「○○ちゃん、今日の晩ご飯、何がいい？」

「ハンバーグ！」

「ダメでしょ、お肉ばっかりじゃ！」

身に覚えのあるかたはいらっしゃいませんか。こんな会話の積み重ねのなかで、子どもたちはだんだん話さなくなっていくのです。そう思いませんか。これらのコミュニケーションには、自分自身を受けとめてもらえている感覚がまったくないのです。

「言ってもムダ！　話してもムダ！　何も言わないほうがめんどうくさくない」と思ってしまうのも当然です。

ちょっとワンクッション置いていただいたらどうでしょう。

「ハンバーグか、○○ちゃん、本当にハンバーグが好きだね。どうかな、お野菜もたくさん食べられるメニューを一緒に考えない？」

一言、子どもが言ったことを受けとめるだけでも、子どもに安心感を与えるのです。

Ⅲ

子どものやる気スイッチはどこにある？

いかに子どもの心を開くか

「じゃあ、どうしたいの？　どうすればよいと思うの？」
「ほーらまた始まったー！　お母さんの誘導尋問‼」

せっかくコーチングを学んで、「ど」のつく質問（「どう思う？」「どれからやる？」「どんな方法があるかな？」などの相手の考えをたずねる拡大質問：コーチングでよく使います）を使ってみたのに、子どもにこんな反応をされてしまったAさん。「ほら、やっぱり、コーチングなんてそんなに簡単にはいかないじゃない！」。思わず、ため息が……。

実は、このような事例はとても多いのです。たしかに、言い回しを学んでスキルだけを使っても、「うまいこと言って、自分の都合のいいように丸めこもうとしてない？」と子どもたちはすぐに見破ります。「**何を言うか**」も大事なのですが、「**誰が言うか**」ということもけっこう大切な要素であり、「**この人に言われたら納得！**」という存在にこちらがなってしまえば、変な話、どんな言葉でもうまくいったりするのです。実は、私自身も、ここに一番心を砕いて取り組んでいるところです。相手の信頼をいかに得るか、いかに受け容れてもらえる存在になれるか、コーチングはここからスタートしているように思います。

今回は、「え？　こんなことで？」というような、**《子どもが心を開いてくれた瞬間》**の事例をご紹介します。

言っていることとやっていることを一致させる

「お母さん、いつも私に『遅刻するな！』って言うくせに、なんで、みんなで出かける時、一番準備が遅いの？」

子どもに言われて、はっとしたKさん。「たしかに……。『子どもは言うとおりにはならないが、するとおりにはなる』って、どこかで聞いたなあ」

そんなことがあった数日後。

「ごはん、先、食べてて。お母さん、ＰＴＡの集まりに行ってくるから」

「え⁉　お母さん、食べて行かないの？」

「うん。食べてる時間なくなっちゃって」

「ちょっとだけ食べてから行けば？」

「うん。そうしたいけど、遅れると、ほかの人に迷惑かけるから」

Kさんは何気なくそんな会話をして出かけました。

帰ってくると、子どもが自分でデザートを作って待っていてくれたそうです。

「お母さん、お腹減ったでしょう？　ごはん食べるの我慢してまで、エライね。見直したわ」

そんなことがあってから、「子どもも遅刻しないようにがんばってるのが伝わってくるようになったんですよね」とKさんはおっしゃっていました。

素直に子どもに謝る

「お父さんには言わないでって言ったのに、なんで言ったの？」

「だって、別にいいじゃない、それぐらい」

「それぐらいって、言わないでって言ったでしょ！」

「あなたがいつまでもちゃんと自分で言わないからでしょ！」

「約束守らないなんて、最低!!」

「そこまで言われることじゃないと思うけど。あなただって、お母さんとの約束、いつも守れてるの？」

こんな感じで、子どもと大ゲンカをしてしまったSさん。しばらくたって冷静に思い返してみると、たしかに「お父さんには言わない」と娘と約束したことを破ってしまったことは事実です。

「ごめんね。よく考えたら、お母さんが悪かったわ。約束破ったのにあんな言い方して。反省してる」

と素直に子どもに伝えたそうです。

「別に。いいけど」

この一言で、子どものほうもケロリとして、打ち解けたそうです。

子どもを叱ったあと、つい、後悔してしまうことがあります。「言い過ぎたかも」「あの言い方は傷ついたかも」。そんな時は、親のほうも素直に反省して謝れるかどうか、親のそんな姿勢に子どもは何かを感じるようです。大人の誠実な対応に触れた時、子どもたちは一歩歩み寄って、心を開くような気がします。

「好きにしたらいいよ。私は信じてるから」

就職カウンセリング業務で、高校生たちをコーチングしていて、うまくいく時とうまくいかない時があるなあとしみじみ実感します。コーチ業に携わっていながらも、うまくいかない時はまったくダメなのです。一言も引き出せないで終わることもあります。生徒が、突然、相談室から出て行ってしまうこともあります。

どんな時に子どもたちの本音や意欲を引き出せて、どんな時にうまくいかないのか、何度も経験を重ねるなかで見えてきたことがあります。「本当に効果があるコーチングってこういうこと」と、私は日々、本やセミナーからではなく、目の前の高校生たちから教わっています。

子どもの可能性を無条件に信じる

Aさんは高校一年生の時、絶対に反対されると思って言い出せなかったことを思い切って母親に伝えたそうです。

「学校、やめたい」


当然、「何、言ってるの？」「やめるなんてダメ」などの言葉が返ってくると予想していたところ、お母さんは、ただ黙って、なぜ学校をやめたいと思ったのかを聴いてくれました。そして、

「それで、どう思ったの？」

「その状況を改善するためにはどうすればいいんだろうね？」

と質問をしてくれたそうです。

それから、こんな言葉をかけてくれたというのです。


「あなたがちゃんと考えて考え抜いた答えだったら、私は応援するよ。好きにしたらいいよ。信じてるから」


頭ごなしに否定されると思っていたAさんは、とても嬉しかった、と言います。

「今の学校をやめて転校してまたがんばる」という自分の言葉を信じてくれた親や先生がいたから、転校後も決して楽ではなかったけれど自分なりにがんばれたと言っていまし

た。

本人だって自信があったわけではないでしょう。でも、自分の選択を信じてくれたという気持ちが、転校後もずっと支えになったのです。

勉強ができないと認めてもらえない、学校に行かないと愛してもらえない、無意識下で常にそんな危機感を持っている子どもたちは意外と多いのではないでしょうか。たとえ勉強ができなくても、学校へ行かなくても、「私の子どもなんだからあなたを信じる」という絶対無条件の信頼があって初めて、子どもたちはのびのび前進し始めるように思います。

子どもが成果を上げるから親も信頼するというのではなく、**親が信頼するから子どもも成果を上げる人になっていく**のではないでしょうか。

人は扱われるようにしかならない

「うちの子、不登校なんです。どうしたらいいですか?」

講演後にご質問をいただくことがよくあります。


「お母さんはどうして、お子さんに学校に行ってほしいのですか?」

コーチの私は、答えをお伝えする代わりに逆に質問をします。

「え?　だって、周りのお子さんはみんな学校行っているし。世間体っていうか……」

これで、お子さんは本当に学校に行ったほうが良いと思えるでしょうか?　お母さんのお気持ちはわからないでもないです。しかし、あえて、私は質問します。

「もしですよ、もし、お子さんが将来、プロゴルファーの石川遼君のような日本中を力づけるスーパー高校生になるとしたら、今のお子さんに何と言いますか?」

「え?　……そんな立派な人になるんだったら、……今、ちょっとぐらい学校に行かなくても大丈夫だよ、って」

「でしょ!　そういう相手だと思って、ぜひ接してあげてくださいよ」

あなたが、自分のお子さんを信じなくて誰が信じるのですか!?　人は扱われるようにしかならないのです。

「できるよね」「わかるよね」「将来は人の役に立つ人になるよね」というところに立って相手と接していく。そうすると就職カウンセリングもとてもうまくいくのです。うまくいかない時は、「私が教えてあげないと何もできないでしょ」「私が言ってあげないと自分では考えられないよね」という立ち位置にこちらが立っている時なのです。相手の可能性をどこまで信じられるのか、私たちは子どもたちから常に試されているのです。

自分の長所をいくつ言えますか？

『コーチング講座』の中で、時々、こんなことを参加者の皆さんにお願いします。

「これから二分間で、ご自分の長所をできるだけたくさん書き出してみてください！

二十個以上を目標にお願いします」

「えーー!?　二十個!?」

皆さんから「そんな無茶な！」という声が上がります。

「あれ？　皆さん、今、どこに立ってご自分をご覧になりましたか？　『二十個も長所なんかあるわけない！』という視点に立っていたら、あっても見えないですよね。ぜひ、『二十個以上あるとしたら何だろう?』という視点に立って見ていただけませんか?」

そうご説明すると、ようやく「なるほど、ちょっとやってみようかな」という気持ちになっていただけます。

「子どもの話を聞くのは大切だとわかっていても、それがなかなかできないのですよ」

「注意する前に考えさせようと思うのですが、ついいつもどなってしまって……」

コーチングを実践したくても、思うように自分をコントロールできないというお話をよく伺いますが、そのことと「自分の長所がいくつ言えるか」は、密接に関係しているように私は感じています。

自分を認められると相手も認められる

長年やっていると、この「長所のリストアップ」で、誰がいちばんたくさん書けるのかを最初からだいたい予測できるようになってきました。たくさん書ける人には不思議と共通点があるのです。

どんな共通点かというと、「長所をたくさん書ける人は感じが良い」ということです。

私の話を共感して聴いてくださっているなと見えるかたはやはり人情として「感じが良

い」と思ってしまいます。こういうかたが、だいたい二十個近く書いていらっしゃいます。

これはいったいどういうことなのでしょう？

私はこんなふうに分析しています。「自分自身を認めている範囲が広い人は相手を肯定的に認める範囲も広いのではないか。そして、肯定的に受けとめていることを上手に自己表現できるのではないか」

ご自分のことが好きですか？
ご自分を「よくやってる。がんばってる！」といつも認めていますか？

子どもたちのやる気を引き出すためには、まず「自己肯定感を持たせること」とこの連載の中でもお伝えしてきましたが、子どもたちの自己肯定感を引き出す側の私たちは、自分自身のことをどうとらえているでしょうか？「どうせ私なんて……」と思っている親に子どもはついていきたいと思うでしょうか？

コーチ自身の「自己肯定感」がまず大切

実際、講座に参加されたかたで、後日、自分の長所を二百五十個リストアップされたお母さんがいらっしゃいました。すばらしいですよね。このお母さんから報告が来ました。

「自分の長所を数えるようになってから、いつもは気になる子どもの落ち着きのなさが、『なんて行動力がある子なんだろう』と思えるようになったんです。自分の中にゆとりが生まれて、子どもの話をじっくり聴けるようになりました」

子どもたちのコーチである私たちがまず自己肯定感を高めることが、相手の強みを引き出すことにつながるのではないでしょうか。

まず、だまされたと思って、ご自分の長所をできるだけたくさんリストアップしてみてください。親子で取り組まれるのもよいかもしれません。この話を聞いた高校生がお母さんと一緒に取り組んで、各々に二百五十個を達成したそうです。お母さんのリストを読んでいたら、「お母さんもがんばってるんだ」という気持ちになって泣けてきたそうです。

コーチングのテクニックだけ学んでも、自分自身が満たされていなかったら、幸せな子育てはできないですよね。長所は何でもよいのです。「お弁当を作れる」「家族に『おはよう』と言う」など、すべて良いところです。何より、「子育てに取り組んでいること」そのものが私にはとても尊いことに思えます。

子どもたちの前向きな気持ちを引き出す質問

「学校生活でいちばんがんばったことは?」

「別に……。何もない！」

「何かないかな? 『これはやった！ できた～』とか『なんとか乗り越えた！』とかって思ったこと」

「さあ……。ないっすね～」

高校生との就職カウンセリングで面接試験対策をしている時に、割と多いやりとりです。半数以上の生徒が「自己ＰＲ」の作成に困っています。ＰＲするネタが何もないと言うのです。

ところが、不思議なことにこう質問すると意外と何かしら答えてくれるという質問があります。

「じゃあ、『これは失敗した』『もっとこうすればよかったのに』と思ったことは?」

「う～ん、それはいっぱいある！」

「次はどうするか？」を聞く

日頃から、子どもたちが、いかに「できたこと」よりも「できなかったこと」の方に焦点を当てて生きているのかをこんなところからも痛感させられます。

「自分の長所は何だと思う？」と聞いても、「別に」。ところが、「じゃ、短所は？」と聞いてみると二つ三つ答えてくれたりします。それだけ周りの大人たちからの指摘が、「強み」ではなく「弱み」や「足りないこと」に向けられているためではないでしょうか。

「失敗したことってどんなこと？」

「え？　……ちゃんとテスト勉強しなくて、赤点とったとか」

「なるほど！　その失敗から学んだことは何かある？」

「『学んだこと』って？　うーん、やっぱり計画的に勉強することは大事とか」

「うん！　すばらしい学びだね～（**↑承認はどんな時でも忘れずに！**）。他にあるかな？」

「まあ、ふだんからちゃんとやっておくことですよね」

「そうだね！　この経験を就職試験に活かすとしたらどうする？」

「やっぱり早めにやり始めること、でしょ」

「すばらしい！　良い経験してるじゃない！」

「え？　そうっすか〜？　でも、自分は失敗しても別にそんなに落ち込まないんですよね」

「それそれ！　それは、あなたの絶好の自己PRじゃないの？」

子どもたちは資源の宝庫です。失敗や短所だと思っていることの中にもたくさん活かせるものがあります。コーチはどちらかというと、「計画的にやらなかったからでしょ」と過去に焦点を当てるよりも、「**今度はどうしようと思っているの？**」と未来に向かって質問をしていきます。

うまくいった要因を尋ねる

生徒たちと話していて、もう一つ不思議なことがあります。「なぜ、失敗したの？」という原因については、けっこう自分なりに分析できているのですが、反対に、「うまくいった時って、何をしたからうまくいったの？」と成功要因を尋ねてもまず答えられないのです。うまくいった時は、「やった〜！　ラッキー！　でも、今回はまぐれかも」と、深く考えず終わってしまうことも多いのです。

「どんなふうに勉強したからこの点数がとれたのかな？　どこが、勝因だと思う？」

こんな質問を投げかけられる機会もあまりないのでしょう。

子どもとバッティングセンターに行くというお父さんがおっしゃっていました。子どもがナイスバッティングをした時、

「いいね〜！　今、打った時、どこが良かったと思う？」

と質問するそうです。

「そうか、ボールをよく見ていたんだね！」

などと、子どもが答えることを一つひとつ確認しながらやっていくと、いちいちフォームを教えなくてもどんどんうまく打てるようになっていくそうです。しかも、どんどんどんどんやる気になって、いつまでたってもやめないそうです。

こちらが、どこに焦点を当てて、どんな質問を日頃から投げかけているかによって、子どもたちの意欲は大きく左右されるように思います。

子どもがその気になる質問

「宿題、終わったの？」
「なんでいつも間に合わないの？」
「そんなに遊んでばかりいたら、あとでどうなると思う？」

質問の形にはいろいろありますが、さて、これらの質問で、子どもは親の意図どおりその気になってくれるでしょうか？

詰問と質問は違います。相手を責め、脅し、危機感で相手を動かすこともできなくはないのですが、限界があるように思います。長くは続かないというのが現状です。「コーチング」の質問は、『北風と太陽』のお話でたとえるなら、**『太陽』のアプローチ**なのです。こちらが力づくで相手を動かそうとするのではなく、相手が動きたくなるように働きかけていく。そんな質問のレパートリーを今回は増やしてみませんか？

「もし……だったら」の質問

「もし、あなたがイチロー選手だったら、こんな時、どうするかな?」

こんなふうに問いかけるとイチロー選手が大好きな小学生K君は、

「疲れたけど、もう少しがんばる!」

とか
「好き嫌いしないで野菜も食べる!」

などと言って、いったん投げ出しかけたことに取り組むのだそうです。具体的なモデル像があると、さらに自分がとるべき行動の意味が実感できるのでしょう。


「もし、○○高校に合格するような人だったら、どんなふうに勉強するのかな?」

「もし、レギュラーになるような人だったら、毎日どんなふうに生活しているのかな?」


今、自分がどう行動したらより効果的なのかを考え選択させる時に、こんな質問も役に立ちそうです。

「もし、何でもできるとしたら、将来、どんな仕事をしていたい?」

「もし、緊張しないで話せるとしたら、何を一番伝えたい？」

高校生との就職カウンセリングのなかで、私はこんなふうに質問してみることがあります。

「まぁ、『仮に』でいいから、ちょっと考えてみようよ」

と促します。

「どうせ自分にできることは限られている。考えてもうまくいかないから考えてもムダ」

と勝手に自分の限界を決めている子どもたちには、案外、効果的です。

なりきり質問

「今日もまず宿題からいくんだよね！　今日は何から始める予定なの？」

「えー？　宿題ー？」

「段取り上手で、宿題が終わってからゆっくり遊ぶ派のあなたとしては、今日はどこから片付けるのかな？」

「えーと、……漢字ドリル」

「うん、いいねー！　得意なところからやってはずみをつける作戦だね！　何分ぐらいで終わらせる予定？」

「三十分……、二十分かな」

「さすが！　早いね！　その次は？」

相手を最初から「そういう人」だとして扱い、こちらは「そういう人」に質問する人になりきって質問をしてしまう方法もあります。このお母さんの場合は、「宿題を効率よく片付けられる人」として子どもと接し、「宿題を先にやる」という前提に立った質問をどんどん投げかけています。最初はとまどっていた子どもも、だんだんその気になっていくそうです。

私がよく使っているのは『ヒーローインタビュー』作戦です。『ヒーローインタビュー』とは、プロ野球の試合のあとなどに、その日、一番活躍した選手をお立ち台に上げて、勝因や感想を聞いていくものです。

「それはどうやったからできたんですか？」

「その時、どんな気持ちで取り組んだんですか？」

「次はどんなふうにやってみようと考えていますか？」

「ズバリ！　早く終わらせるコツを聞かせてください」

「あなたがモットーにしていることを教えてください」

うまくいった要因やその時の気持ち、相手が持っている資源（長所や能力、成功体験など）に気付いてもらえるような質問をどんどんしていきます。

「自分もがんばったかも！　次もいけるかも！」

という自己肯定感が引き出されることで、「また、やってみよう！」と思えてきます。

何がヒットするかがわからないのが、子どもたち各々の可能性の奥深さです。ぜひ、いろいろ試して投げかけてみてください。

勉強好きを生み出すポイント

「なぜ、勉強しないといけないの？」

もし、子どもにそう聞かれたら、何と答えますか？

「良い学校に入れて、良い就職ができて、幸せな人生を送れるのよ。だから、勉強しなさい！」

これで、子どもたちは勉強に対して本当にやる気になれるのでしょうか。

私のクライアントさんに専門学校の先生がいらっしゃいます。この先生は、この春から、新入生のクラス担任を受け持つことになったのですが、先日、驚異的な報告を私にしてくださいました。

「すごいですよ！　うちの新入生たち‼　ほとんどの子が、毎日、自主的に勉強してるって言うんです。学校に早めに来たり、授業が終わってから残ったりしてやっているのですよ。入学当初、『勉強が好きな人いますか？　得意な人いますか？』と聞いたら、ほとんどいなかったのに、ですよ！」

「へえ、それはすごいですね！　担任として、学生さんたちにどんな工夫をされたんですか？」

「そうですねー……。質問をしてみました」

「勉強するとどんな良いことがあると思う？」

「ほう、どんな質問を？」

「まず、『なぜ、勉強しないといけないと思う？』と聞きました。でも、皆、もっともらしいことしか言わない。そこで、『そもそも、勉強ってしなければならないものじゃないよね』っていう話をしたんです。『やりたいからやるものでしょ』と」

「なるほど、たしかに、そうですね！　やらされていると思うとやる気になれませんよね」

「それで、今度は『勉強するとどんな良いことがあると思う？』と質問して、『一緒に考えていこうよ』と伝えました。すると、将来の自分像が明確になった学生もいました。自分は将来こうなっていたい、だから勉強する！と思えたようです」

「すばらしい！　勉強することが他人事ではなく『自分事』になったんですね」

「そのあとで、グループにわかれて『勉強法アイデア』をできるだけたくさんリストアップしてもらうことをしました。皆、おもしろがってやっていました。四十七個もアイデアが出たグループもあったんですよ」

「へえ、それはまたすごいですね！」

「最後に伝えました。『これが勉強だよ。今みたいな感じを覚えておいてね。皆、自分たちで一生懸命考えて答えを出そうとしたでしょ。これが義務じゃなくて、主体的にやる勉強。勉強ってけっこう楽しいでしょ』と」

どう質問を投げかけるかによって、相手の「勉強」に対するとらえ方が変わっていくというお話でした。

インプットばかりでなくアウトプットも

この先生は、数年前からコーチングを学び、折々に実践してきたかたですが、そのセンスを活かして、新学期早々、主体的に勉強する楽しさを学生に伝えることに成功したようです。

この先生の授業はとてもユニークです。学校の授業と言えば、「先生の話を聞く」「教科書を読む」などのインプット型が主体のような印象を受けますが、先生は、折々に、学生が話をする、書く時間を作ります。つまり、アウトプットの時間をとるようにしているそうです。

「はい。じゃ、四人組になって。『今日の授業で学んだこと』を一人一分ずつでしゃべってください。話し終えたら、今、自分が話したことをメモしておいてね」

こんな感じです。これによって、学生の学ぶ意欲はもちろん、コミュニケーション能力まで向上していくようです。これこそまさに、コーチング手法による効果です。相手のなかに、どんどん知識を詰め込む（インプット）ばかりでなく、相手のなかで生じた想いやアイデアをどんどん外に表現（アウトプット）させていくのです。

「今日はどんなことを勉強したの？」
「今日、一番おもしろかったことは何？」
「どういうところがおもしろいと思ったの？」

日常生活のなかで、子どもたちにどんどんアウトプットの機会を与えることで、自然と「勉強」にも興味関心がわいてくるのではないでしょうか。

「飽きっぽい」って強み？

選考が始まります。今、この時期が就職活動準備においてとても大切な時期です。

そんな高校生たちと接していて、強く実感することが大きく二つあります。
(1)　自分に自信がない生徒が多い（自分の長所がわからない➡自己ＰＲできない➡面接試験を受けたくない）
(2)　面接試験で緊張することに不安を感じている（緊張するのでうまく話せないと思っている➡試験に受かる自信がない➡面接試験を受けたくない）
こんな感じです。ところが、関わっていくなかで、しだいに「ちょっとやってみてもいいかも！」「自分にもできるかも！」という気持ちがわいてくる瞬間があります。

短所は長所

「自己ＰＲ考えようね。自分の長所は何だと思う？」

「ないっすよー」

（「ないじゃないでしょ！　考える前から『ない』って言うんじゃないよ！」と内心思いますが、これを言ってはコミュニケーションが断絶しますから、いったん受けとめます）

「そっか。じゃあ、学校生活で一番がんばったことは？　何かない？」

（質問を変えてみます）

「別に、ないっすね」

「そっか。じゃあ、友達や家族から、こんな良いところあるよねって言われたことないかな？」（あきらめずに、いったん受けとめ、別の質問です）

「別に……」（我慢も限界に近づいてきますが、ここで視点を変える質問です）

「そう。じゃあ、短所は？　なんかある？」

「え？　短所？　……それはいろいろある」

「何？　どんなところ？」

「えー!?　飽きっぽいところとか」

（意外と答えられます。それだけ、いつも自分の短所のほうに意識がいっているのでしょう）

「おお！　それは良い長所だね」

「はぁー？」

「長所だよ。飽きっぽいっていうことは、新しいことにどんどん意識が向いていくってことでしょ。好奇心旺盛っていうことでしょ」

「はぁ、そういうもん？　そういえば、俺、子どものころから……」

と話し始めて止まらなくなる生徒もいます。

長所も短所も紙の表と裏のようなもの。**「それは、あなたの良いところでもあるんだよ」と伝えると、「自分って捨てたもんじゃないかも」**という肯定感が芽ばえるようです。

リフレーミング

「ダメなんです。私、緊張すると、テンパっちゃって。何も言えなくなるのです」

「そうだよね、緊張するよね」

「もう、本番、ゼッタイ緊張しますー。ダメですー!」

「○○さんって、向上心がある人なんだね!」

「えー!?」

「緊張するってことは、向上心があるっていうことでしょ。うまく面接試験をパスしてこの会社に入りたいって思うから緊張するんだよね。別にどうでもいいって思っている人は緊張なんてしないよ。やっぱり、向上心を持った人にこそ、うちの会社に入ってきてほしいと面接官は思うもんだよ」

「え? そうなんですか!?」

「そう。緊張することは悪いことじゃないよ。緊張しても、言いたいことが言えるように、今日は一緒に練習しよう！」

「はい！　そうなれるといいです！」

「緊張」＝「あってはならないもの」としていると、とてもストレスが高くなります。「緊張」＝「あってもいい。むしろ向上心の現れ」と枠組みを変えることによって、少し安心感が生まれます。**一つの事実を違う枠組み（フレーム）に入れてみる**（フレームを差し替える）ことで、感じ方が変わることがあります。これをリフレーミングと言います。コーチはこのリフレーミングがとてもうまいのです。

「失敗はマイナスじゃないよ。この方法じゃうまくいかないってことがわかった、一つの前進、発見だよ！　いい失敗だったね！　次どうするか、また一緒に考えよう！」

子どもたちの不安や恐れをリフレーミングしながら、今日も子どもたちの背中を押しています。

ほめて伸びる子と伸び止まる子の違いは?

「ほめることで、もっとがんばってくれる子もいれば、逆に低いレベルで満足してしまい、それ以上伸びない子もいますが、何が違ったのでしょう?」。

たしかに、ほめていただくと、「なんだ、この程度でもいいんだ」と私自身も思ってしまうことがよくあります。子どもの性格によるところもあるとは思いますが、やはり、こちらのほめ方、伝え方に影響されるところは大きいように思います。

せっかくなら、眠っている可能性をどんどん引き出してあげたいものです。今回は、「現状に甘んじることなく、さらに子どもが前進しようとする関わり方」についてお伝えしたいと思います。

「ほめる」と「認める」の違い

以前、自分でも予想をはるかに上回る大きな仕事の成果を作った時、このことを師匠であるコーチに報告しました。

「それはすごいね！　よくやったね」とほめてもらえると思っていた私に、師匠からは拍子抜けするような一言が返ってきました。

「うん！　そんなもんだよ」

「へ？」

「あなたが立場をとって取り組んだら、それぐらいはそんなに難しいことじゃないよ」

たしかに、拍子抜けはしましたが、この時、私は、師匠が私以上に私の能力を信頼してくれていたことを知りました。「すごいね！」と言われたら、もちろん嬉しいです。でも、そこで満足していたかもしれません。師匠の言葉には、「私にはもっとやれる力があるのかも」と感じさせるものがありました。

結果を出して、単に「よかった」「上手だった」と評価されるのと、自分自身の力や可能性を信じて認めてもらえることは違います。「ほめられたのでよかった」で終わるのではなく、「私はもっとやれるかも！　やってみよう！」という気持ちを引き出すことこそコーチングのだいご味です。たとえば、こんな伝え方はどうでしょう？

「存在価値」を感じさせる承認

「お母さん、○○ちゃんの弾くピアノの音、大好き！　もっと聴きたいわ」

と、毎日言われ続けて、音大に入り、ピアニストになった人がいました。

「○○ちゃんがいつも勉強がんばっているのを見ると、私もがんばろう！って思うよ」

など、自分の存在が相手に与えている影響を実感できると、もっと、お父さんお母さんを喜ばせてあげたい！　という気持ちが湧いてくるようです。いわゆる、Ｉメッセージ（「私は……感じた」という伝え方）です。

「毎日、練習して良い子ね」

「勉強がんばっててえらいね」

と言われることで動機づけになる子どもも、もちろんいるでしょう。しかし、それでは、「練習するから良い子」「勉強するからえらい子」、言い換えれば、「練習しないと悪い子」「勉強しないと認めてもらえない」と子どもは無意識に感じてしまいます。それよりも、自分が何かに取り組むことで、誰かの力づけになる、誰かを幸せにすると実感できれば、自ずと力を入れて取り組み続けるように思います。

「可能性」を感じさせる承認

テストで良い成績をとって帰ってきた子どもには、どんな声かけをしますか？

ぜひとも、その成果を認めてあげてほしいのですが、

「すごいね！　９０点。よくがんばったね！」

と、ほめるだけで終わってしまってはもったいない気がします。

「この調子でいったら、次は１００点だね！」

「ここまできたら、もう1番になっちゃうね！」

さらにその先の可能性を感じさせるような声かけができれば、子どもたちも自分の可能性にチャレンジしてみよう！　という気持ちになるのではないでしょうか。

子どもたちの無限の可能性をどんどん引き出す大人でいたいですね。

子どもがおのずと宿題に取り組む対話とは

小学三年生のM君は、時々、お父さんの実家に泊まりがけで遊びに行きます。おじいちゃん、おばあちゃんがあたたかく迎えてくれるうえに、一緒にゲームをしてくれるおじさんまでいます。遊んでばかりでは困るということで、時々、おじいちゃん、おばあちゃんから「宿題もやりなさい!」と言われるのですが、なかなか取りかかれないM君です。ところが、おじさんと会話をすると、なぜか宿題に向かい始めるというのです。

今回は、このおじさんとM君とのやりとりをちょっとのぞかせてもらうことにしました。

まず質問から……

「M君、今日は何を持ってきたの?」(質問)

おじさんはまず質問から会話を始めます。

「えっと、ゲームと宿題と……」

「宿題あるんだ! よく持ってきたね。宿題はいつやるの?」**(承認&質問)**

「わかんない」

「そう。わかんないんだったら、考えて教えてよ」**(受容&行動のリクエスト)**

「……」(考えているようだが答えない)

「宿題はどれぐらいあるの？」（**答えないことを責めずに事実について質問**）
「三つ」
「全部やるの？」（質問）
「イヤ！」（やりたくないモード全開）
評価を手放し、質問を繰り返す
「どれだけならできる？」（**否定することなく可能なことを質問**）
「やりたくない」
「そっか。やりたいのがあるとしたら何？」（**受容＆さらに可能を探る質問**）
「……算数、国語」
「M君が得意なのは何？」（**強みに焦点をあてて質問**）
「算数」
「算数からやってみようか？」（**提案**）
「……」（それでもいまいちノリ気になれない様子）
「算数は何ページあるの？」（**否定も肯定もせず、事実について質問**）
「三ページ」

「今日はどれだけやる?」**(あくまで「やる」ことを前提に淡々と質問を繰り返す)**
「一ページ」
「じゃ、それやろう!」**(行動を促す)**
「うん」
なんと! お見事としか言いようがありません。
「M君、宿題やりなさいよ! ゲームばっかりはダメよ」
「どうしてやらないの? 早くやりなさい」とおばあちゃんたちが、どんなに言っても聞き入れないM君でしたが、自ら取り組み始めました。

相手が受け入れやすい承認

一ページと言って始めたM君、得意の科目だけあって、おじさんが見ていると全部正しく解いていきます。
「すごい! 全部あたってるよ! M君は天才だ!」**(承認)**
「僕は天才じゃない」(すごくイヤそう……)
「そっか、……じゃあ『天才かも!』だね。『天才かも!』だったらいい?」**(受容&質問)**

「うん！」（ニッと笑う）

M君は、そのまま次のページにも取り組み始めました。

「M君、東大って知ってる？」**（質問）**

「え？」

「『天才かも！』が行ける学校かも！なんだよ」**（暗示）**

「へぇー」（さらにニッと笑い、宿題に取り組む）

このおじさんは、さすがに、コーチングを七年も勉強されているだけのことはあります。自ら取り組む行動をM君からどんどん引き出していきます。得意分野から取り組ませて、勢いをつけるという方法も心得ていらっしゃいます。

この会話から多少なりとも感じていただけたかと思いますが、コーチは、相手をいっさい評価しません。下手に「いいね！　すごいね！」とおだてるわけでもなく、「それじゃあ、ダメだよ。がんばって」と叱咤《しった》激励するわけでもなく、あくまで「やるよね」という前提で、対話を重ねていきます。「やりたくない」と言ってもよいし、「わからない」と思っていてもよいのです。「『やれる』としたら、何からやる？」という角度から考えることを淡々と促し続けるところにコーチングのパワフルさがあるように思います。

自信がなくても行動できる子どもに!

「ダメダメ、ムリムリ‼　自分には絶対にできない‼」

「そう。そう思う理由は何?」

「だって、自信ないもん‼　やったことないし」

そりゃあ、そうでしょう。やったことがないことに、最初から自信を持つなんてなかなかできることではありません。自信ややる気は、やる前からあるものではなく、何かをやったあとからわいてくるものと私は思うのですが、自己制限の強い子どもたちと会話をしているとよくこんな話になるのです。

どうやら、日常、先生や親からかけられている言葉によって、「自信がないとできない」「やる気がないからやれない」と思ってしまっているようです。

相手を枠にはめてしまう下手な激励

「大丈夫だから!　自信を持っていこうよ!」

「自信を持ってやれば、できるって！」

「これからが大切な時期だから、やる気を出していきましょう！」

「とにかく必死でがんばろう！」

これらの言葉は、とても力強い激励のように聞こえますが、言われ続けることで、自分の中にある制限が作られているということにお気付きでしょうか。

「自信を持てばできる」➡「自信がなければできない」

「やる気になればできる」➡「やる気がなければできない」

という枠組みに知らず知らずはまってはいないでしょうか。

私たちは、自信ややる気がなくても、実際にやっていることやできたことが何かしらあるはずです。たとえば、朝、眠くてなかなかふとんから出たくなくても、仕事や学校に行かなくては！と意を決して起きあがります。起きて動き出すことによって、エンジンがかかってくる、というようなことはありませんか。

可能性を引き出す質問を投げかける

「自信がないからできない！」

「なぜ、自信がないの?」

「だって、やったことないもん」

「いいからまず、がんばってやってみよう!」

これでは、やはりなかなかその気になれないでしょう。

初めて、クラス代表で発表をすることになった中学生のM君。最初は、「やっぱり、僕にはできない」と尻込みをしていたそうです。

友達が、M君にこんな投げかけをしました。

「緊張しない人はいないよ。緊張しても発表できる方法ってないのかな?」

すばらしく建設的な発想だと思いませんか。私がその場にいたら、M君の友達に大きな拍手を贈っていたことでしょう。

ただ単に「自信を持て!」と激励するだけではなく、日頃から、「どうすればできるかな?」という肯定質問を投げかけていくことで、子どもたちの発想はどんどん「できるとしたら?」という方向へ広がっていくのではないかと思うのです。

自己制限をかけないで、可能性をどんどん引き出す質問のレパートリーをたくさん持っておきたいものです。以下にいくつかの質問をリストアップしてみましたので、ご参照いただければ幸いです。すぐに答えが返ってこなくても大丈夫です。これらの質問は、投げかけ続けることに意義があります。

肯定思考で考える習慣を持つことで、子どもたちの中に、**「可能なことを探る」視点**が育っていくのです。


「どうしたら時間までに仕上げられるかな？」

「どうしたら楽しく勉強できるかな？」

「何からだったらできそう？」

「いつだったらできる？」

「どこまでだったらできそう？」

「今日できることって、何だろう？」

「一つやるとしたら何？」

「どんなふうにやれたらいい？」

「落ち着いてやるためにはどうする？」

「それができたとしたらどんな気持ち？」

「まだできるとしたら、何がある？」

「どんな準備をしておいたら安心かな?」

「そのために何をする?」

「自分で考える子ども」へと導くには

「コーチングとは、こちらが答えを与えるのではなく、こちらの質問によって相手が自ら答えを編み出していくものです」という説明をします。

すると、時々、こんなお声が返ってきます。

「質問をしても、子どもは『わからない』しか言わないんです」

「答えが返ってこないので、うちの子には無理です」

「結局、質問しても無駄なので、質問しなくなります」などなど。

たしかに、投げてもボールが返ってこないキャッチボールほどつまらないものはありません。意味がないんじゃないかと思ってしまいます。お気持ちはわかりますが、コーチングの質問は、「投げかけることに意義がある」と私は思うのです。

自分の考察がない学生たち

大学で集中講義をしていて、強く感じることがあります。「自分で考えてみようとする学生が少ない」ということです。

「今日の授業で学んだことを書いてください」というレポートの宿題を出しました。学んだことをどう受けとめたのか、得た知識をどう活かしていきたいと思ったのか、などの感想を私は期待したのですが、意外と多くの学生が、私が配ったテキストをそのまま書き写していました。

そういえば、夏休みの宿題の定番「読書感想文」なども、インターネットで検索して書き写すという話を聞いたこともあります。「自分はどう感じたか、どう考えるか」の前に、まずネット検索です。とても恐ろしいことだと思いませんか？

「あなたはこの試練をどう乗り越えますか？」

「あなたはどんな大人になりたいですか？」

「あなたの夢は何ですか?」
こんなことまでネット検索されるようになっていくのでしょうか。

質問されると人は意識がそこに向かう

子どもが学校から帰ってくるたびに、「今日は学校で何が楽しかった?」と質問するお母さんがいらっしゃいました。たしかに、最初のうちは、「別に」「普通」としか答えなかったお子さんが、毎日毎日質問していると、聞かれる前から「お母さん、今日はね、これが楽しかったよ」と話すようになってきたという話でした。「今日もお母さんに質問されると思うと、何が楽しかったのか考えながら帰るようになったよ」とそのお子さんは話したそうです。

人は、質問されると意識が自然とそこに向かい始めます。「考えてみよう」という習慣が生まれます。子どものころから、この習慣を持っておくことは本当に重要だと思います。

答えはあると信じて質問し続ける

すぐに、答えが引き出せなくてもよいのです。考えてほしい方向に意識が向くようにな

ることが大切なのです。ですから、間違っても、

「なぜ、いつも遅いの?」

「どうして、言うことを聞けないの?」

などという向かわせたくない方向に焦点をあてて質問してはいけないのです。

以前、私はすごい質問に出会ったことがあります。質問されたかたが「わからないんです」と答えているのに、このコーチはさらに突っ込みました。

「わかるとしたら、どう思いますか?」

この質問には腰が抜けそうになりましたが、質問された側も、苦笑いしながらも、答えを探しにいこうとするのです。そして、何かしら語り始めるのです。

「わかるとしたら」と問いかけられると、答えを探す方向に意識は働き始めるのです。「あるとしたら何?」と考えてみることで、見えていなかったものが見えるようになってくるのです。「**自分で考えてみる習慣**」は子どもにとって一生の財産になると思います。そのためには、今、「答え」が返ってこなくても、問いかけ続けることが大切なのです。

子どもにとってどんな存在でありたいですか?

さて、今回は、あらためて、「コーチング」で誤解されがちな部分について、お伝えしたいと思います。

「ノウハウ」の前に「あり方」

中学二年生のお子さんをお持ちのお母さんとの対話です。

「子どもがなかなか自分のことを話してくれなくて、何を考えているのかわからないんです。自分から声をかけてくれるような何か良いコーチング法はありますか?」

「なるほど。まずは、お母さんご自身は、お子さんからどんなお母さんだと思われていると思いますか?」

「えー?　そうですねえ……、口うるさいって思ってるでしょうね」

「そうなんですね。ほかにありますか?」

「ほかには、うっとうしい、すぐ怒る、干渉しすぎ、話しかけたくない、イライラしている……」

「そ、そうですか。そんなふうに思われているだろうなーと自分で思っていらっしゃるんですね。そう思っている人に、人は話しかけたいと思うでしょうか？」

「え!? たしかに……。そうですね！ イヤですね」

「じゃあ、どんなふうに思われたいですか？ お子さんにとって、どんな存在でありたいですか？」

「うーん、やっぱり、頼りになるっていうか、いつも話しているわけじゃなくても、わかってくれている、信じてくれているって思っていてもらいたいですね」

「そういう存在のお母さんだったら、日頃、どんな態度でお子さんと接するでしょうか？ どんな言葉を使っているのでしょうか？」

「『あなたが話したい時はいつでも聴くよ』って、どーん！ とかまえているかも……。そっか！ そうですよね。そこですよね！」

どんな親でありたいのか、そのベースがあって初めて、それにふさわしいコミュニケーションが生まれるように思います。「ノウハウ」だけを試そうとすると、子どもは敏感に察します。「上手いこと言って、また自分の思い通りにさせようとしている」と感じ、かえって抵抗するのです。

変えようとしない、わかろうとする

「私が子どものことを大好きになって、子どもも私のことを大好きになって、仲良くなれたら、『話しなさい』なんて言わなくても、子どものほうから言葉を発するようになっていきます。この人の話を聴きたいと思ったら、ちゃんと聴いてくれます」

ある養護教諭のお言葉です。本当にそうだなと思います。

コーチングは、時々、子どもの機嫌を上手にとって、こちらの思い通りに動かす手法だと勘違いされているように感じることがありますが、そうではありません。子どもたちが行きたいところへ自発的に行けるようにサポートするものです。「こうしなさい」の前に、「どうしたいの？　どう思っているの？」と聞くところがスタートなのです。

勉強しないでゲームばかりやっている、その姿を見て、「やる気がない」と決めつけ、「勉強はするものだ」とこちらの正論を押しつけてしまう、そこからは決して自発性は生まれません。子どもはちゃんとわかっています。「勉強はしたほうが良い」と。「言うことを聞かせるにはどうしたら？」をまずこちらが手放さないと何も始まりません。

「この人はいつでも、自分を受けとめてくれる。自分自身に可能性を感じさせてくれる」。子どもたちがそう感じる存在でありたいと私自身も思います。

子どもの《やる気スイッチ》を押しましょう

長髪をツンツンに立てて耳にはピアス、靴のかかとを踏んで引きずって歩く、わざとゆるめたネクタイとズボン、挨拶（あいさつ）をしても目も合わせない、のけぞって座る、突っ伏して寝る、斜めから見上げる、隣の子としゃべり続ける……。

高校生の就職セミナーに出向くと、いきなり帰りたくなることもあります。

「何なの？　その態度？」

「やる気、あるの？」

「何か私に恨みでもある？」

そんな態度の生徒の前に立つと、さすがに正直カチン！　ときます。

しかし、最後には、みんな「ありがとうございました！」とおじぎをして帰っていくので、この仕事はやめられません。やる気がないと見える子どもたちは確かにいますが、やる気がない子どもは誰もいないと今日も実感します。《やる気スイッチ》を押してあげていないだけなのです。

認めて認めて認めまくったあとにアドバイス

高校生との模擬面接で、私たち面接官役がやっていることは、「この子の良いところってどこだろう?　認める言葉を伝えるとしたら何だろう?」という視点で観察し続けることです。

面接後、こちらが感じたことを一人ひとりに率直に伝えますが、まず、認める言葉を連発します。二つ三つではありません。とにかく連発します。

「緊張したって言ってたけど、落ち着いて見えたよ。緊張していても、それだけ落ち着いて話せるなんて、それは○○さんの強みだよ。あと、名前を名乗る時の言葉づかいが丁寧だったよ。一生懸命話そうとする姿勢が伝わってきて好印象だった。笑顔に愛敬があるね。入社したら先輩たちからかわいがられるタイプだと思うよ。アルバイトでがんばった話、とてもいいネタだね。もっと質問したくなったよ。座っている時、足がしっかり床に着いていて安定感があった。私からの質問に答えられない時は、『わかりません』ってはっきり言えたよね。そういうふうに意思表示できることは面接ですごく大事！　それと……」

伝えているうちに、相手の表情がどんどん輝いていくのが手に取るようにわかります。どの子もまっすぐ私の目を見て、一つひとつの言葉を吸収していきます。

「だから、もったいない！って思うんだけど、言ってもいい？　髪の毛、立てないほうがずっと印象が良くなるよ！　それと、斜めから見られると、第一印象がすごく怖い！失礼なこと言ってごめんね」

「いえ、そんなことないです！　ありがとうございます」

礼儀正しく答えます。どんな態度の子でもそうです。自分の良いところを認めてくれる人の話は素直に聞き入れようとするものです。これは私の感触ですが、「**認める8、アドバイス2**」ぐらいで、《やる気スイッチ》が入るようです。

「認める言葉」のレパートリーを増やす

だからこそ、ありきたりな言い方で恐縮ですが、相手を認める言葉をたくさん持ちませんか？　以下に私が子どもたちによく使う「認める言葉」のほんの一例をご紹介します。

「今日は来てくれてありがとう」
「時間通りに来てくれてうれしい」
「何も言わなくても静かに待っていてくれて、すごく感動した」
「顔を上げて話を聞いてくれているね」
「自然な笑顔がすごくいいね」
「ユニークな発想だね」
「そういう話ができる人はなかなかいないよ」
「いい失敗体験をしているね」
「元気さが伝わってくるね」
「説得力ある話し方だね」
「大物の器だよ」

「友達が多そうだなっていう気がする」

「読みやすい字を書くね」

「たいへんだったと思うけど、よく乗り越えたね」

「もっと話を聞きたくなるよ」

「挨拶がとてもさわやかだね」

「言われてなくても気が付くってすごいことだよ」

「苦手だって自分でわかっていることは大事なことだよ」

「早くやってくれたので助かった」

「前に言ったこと、覚えていてくれたんだね」

「あきっぽいというより好奇心が旺盛なんだね」

などなど……

スイッチをオンにするたくさんのレパートリーをいつも持っていたいと思います。

「やる気スイッチ」のつくり方

先日、友人Mさんの娘さん（小学校低学年）が、水泳大会の年齢別のある種目で優勝し、北海道一になったというニュースを聞きました。

「うわー！　すばらしい！」という感動と共に、「やっぱりね。あの子ならやると思ってた。次は全国一も決して夢ではないし、いつかは本当に世界に行くんだろうな」と、素直に思えました。

というのは、以前、Mさんから、こんなお話を聞いていたからです。

アンカリングの効果

このお子さんは、日頃から、「世界水泳」の録画を自宅でじーっと見ているそうです。

「いつかはあそこに行きたいな」というよりは、「もう、すでにそこに自分がいる」という気持ちで、何度も何度も繰り返し見るのです。

スイミングスクールへの送り迎えの車の中で、Mさんに、

「ねえ、ねえ、お父さん、あの曲かけて！」とリクエストをします。「世界水泳」のテーマソングにもなったB'zの「ultrasoul」です。車の中で、大好きな曲を大音量で聴きながら、気持ちを高めて練習に臨むのが日課だそうです。

皆さんも、自分にとって、この曲を聴くと元気が出るとか勇気が湧いてくるという一曲はありませんか？　あるいは、ある一時期によく聴いた曲を久しぶりに耳にした時、当時の気持ちがよみがえってきて、思わず懐かしくなるというご経験はないでしょうか。

これらが、「アンカリング」の効果です。あるものと感情や過去の体験が、船が錨（いかり、アンカー）を下ろして停泊するように、がしっ！と結びついていることからそう言われます。

この曲を聴くことで、この画像を見ることで、やる気のスイッチがカチッと入る効果を、このお子さんは上手に使われているのです。という私自身も、気合いを入れたい時は、チャイコフスキーの「ヴァイオリン協奏曲」や、ゆずの「栄光の架橋」などの曲を頭の中でガンガン響かせながら、仕事に向かいます。これが意外と侮れないのです。

あこがれのイメージを五感で体感する効果

小学生のころ、中学校の先輩から、全日本吹奏楽コンクール全国大会の会場である「普門館」について、リアルに話を聞かされた子どもがいました。いわゆる、吹奏楽部にとっての甲子園です。

「普門館の床は黒塗りで、舞台裏は野球ができるぐらい広いんだ。舞台に立ったら客席のうしろまで見えないぐらい、とにかく広い！　ここで演奏して金賞をとるってことは、本当にすごいことなんだ。全国大会に行った人にしか味わえない優越感が味わえるんだよ」

彼にとって、この話はいつまでも自分の胸にあこがれとして刻みこまれ、全国大会に出るために選んだ高校の受験勉強もがんばりました。そして、高校二年生の夏、ついに普門館に立つという夢を実現しました。先輩の話から植え付けられた普門館のイメージは、彼にとって常に原動力となりました。

自分の部屋に、世界地図を貼っていた高校生がいました。「いつかは、海外で仕事をしたい！」それが彼女の夢でした。折々に、その地図を眺めました。「どの国で、どんな仕事をするのか」までは、まだ具体的に描けていませんでしたが、「いつかは、海外で！」というあこがれから、外国語大学を受験し合格しました。部屋に貼ってある世界地図が、ずっと彼女のやる気のスイッチでした。

何でも良いと思うのです。本人が「これを聴くと」「これを見ると」あるいは、「これに触れると」「この香りをかぐと」、やる気になれる、元気になれるというものを日頃から意識的に周りに置いておくのは、非常に効果的だと思います。

「やらなければならない」「やらないと叱られるから」という動機では、ストレスが強く長続きしません。リアルにあこがれが感じられるものを五感で体感できる環境をつくるのもやる気スイッチのつくり方の一つです。

「夢を叶える子ども」の育て方

年の初めのテーマは、やはり、「夢を叶（かな）える！」です。ご自身の夢そのものが、「子どもの夢を叶えてやりたい！」という方もいらっしゃるでしょう。

中学生ぐらいからすでに夢をあきらめて生きている子どもが多いと以前にも書きました。「『夢』と『将来の職業選択』は別！」「やりたいことだけでは生きていけない！」と考え始めている子どもたちにどう関わったら、夢を叶える子どもへと成長していくのでしょうか。一緒に考えてみませんか。

まずは、「ねぇ、夢って叶うの？」とお子さんから質問されたら、何と答えますか？

「夢は叶うもの」と伝える

「はっきり言うけど、夢は叶うよ！」

私は、いつも断言することにしています。

「ホントかよ？」

「キレイごとだろ」

そんな反応をする子どももちろんいます。しかし、こちらがぶれずに伝えることで、耳を傾けようとし始めます。子どもたちも本当は「夢は叶う」と言ってほしいのです。

「何でも叶うの？」

「叶うよ！」

「どんなことでも？」

「世のため人のためになることなら何でも叶う」

「思った通りになるの？」

「なるよ。そのままズバリの形では叶わなくても、別の形になって叶うこともあるよ。たとえば、私は、学校の先生になりたかったけど、採用試験が難しいと言われてあきらめた。でも、今、先生の免許を持っていなくても、学校に呼ばれてこうして生徒の皆さんの前でお話をさせてもらえているよ」

ぶれずに伝えることで、子どもたちもその気になっていきます。

何事か成し遂げた人の親は、とにかく器が大きかったという逸話が残っていますね。

「私、女優になりたい」

「あなたなら、なれるんじゃない」

「俺、プロ野球選手になる」

「いいね！　やってみたら」

お医者さんのお子さんがお医者さんになる割合が高いのはなぜでしょう？　もちろん、医学部に進学させられるだけの経済的な基盤があることも理由の一つですが、子どもが「医者になりたい」と言ったら、まず反対されないからではないでしょうか。

「夢は叶うよ！」「できるよ！　それ」と、まず、言ってあげませんか。

「夢を叶えるために、今、何をするのか」を考える

「じゃあ、どうやったら夢は叶えられるの?」

「それをこれから一緒に考えてみようよ。夢を叶える方法は一つじゃないよ。どうすればば、夢に近づけるかな? 今から、何をやっておいたらいいかな?」

「練習は毎日する!」

「いいねー! どんな練習? 毎日どれぐらい?」

「ランニング10分、素振り100回」

「スゴイね! あと、やっておいた方がいいことって何かないかな?」

「やっぱ、礼儀はきちんと」

「そうだね。大事だね。礼儀をきちんとってどんな感じ?」

「自分から大きな声であいさつをする」

「いいねー! 他には?」


夢に向かって努力したことは、決して無駄にはなりません。最初からあきらめて何もしないより、その経験は、その後の人生でその子を支える資源となります。何がどう影響して、どんな形で夢が実現するかはわからないのです。

「宇宙に行ける！」と思った人しか、宇宙に行くための方法を発見していないのです。「夢は叶う！　そのために何をするのか？」を考えられる子どもだけが夢を叶えていくのです。

あ、私の夢ですか？　私の夢は、小学校から「夢を叶えるための授業」がカリキュラム化され、その中でコーチングを学ぶような教育制度を作ることです。今年も、子どもたちから大人の皆さままで、広く深く「成果を生み出すコミュニケーション」をお伝えしていきます。どうぞよろしくお願いいたします。

【著者】石川　尚子（いしかわ　なおこ）

島根県出身。株式会社ゆめかな代表取締役。国際コーチ連盟プロフェッショナル認定コーチ。（財）生涯学習開発財団認定プロフェッショナルコーチ、ＮＰＯ生涯学習キャリア・コンサルタント、ＰＨＰ認定上級ビジネスコーチ。

大阪外国語大学卒業後、出版社に勤務。企業研修部門にて、企業研修、講演会の運営、企画、教材開発や講師を担当。2002年に独立後、ビジネスコーチとして、経営者、管理職、営業職などのパーソナルコーチングを行う傍ら、高校生・大学生の就職カウンセリング、就職セミナーに携わる。コーチング研修、コミュニケーション研修の講師として企業のみならず、高校、大学、教育委員会、教育センターなどの教育機関などでも講演活動を行っている。

【主な著書】

『コーチングのとびら』（Dybooks）『やってみよう！コーチング』（ほんの森出版）『教師のコミュニケーション力を高めるコーチング』（共著）（明治図書出版）『子どもを伸ばす共育コーチング』（小社）『オランダ流コーチングがブレない「自分軸」を作る』（七つ森書館）『コーチングで学ぶ「言葉かけ」練習帳 』（ほんの森出版）

URL　http://www.b-coach.jp/

増補　言葉ひとつで子どもが変わる
—やる気を引き出す言葉　引き出さない言葉

2019年4月15日第１刷発行　定価1600円＋税

著　者　石川　尚子
発　行　柘植《つげ》書房新社
〒113-0033　東京都文京区白山1-2-10-102
TEL03（3818）9270　FAX03（3818）9274
https://www.tsugeshobo.com　郵便振替00160-4-113372
印刷・製本　創栄図書印刷株式会社

乱丁・落丁はお取り替えいたします。ISBN978-4-8068-0726-1 C0037

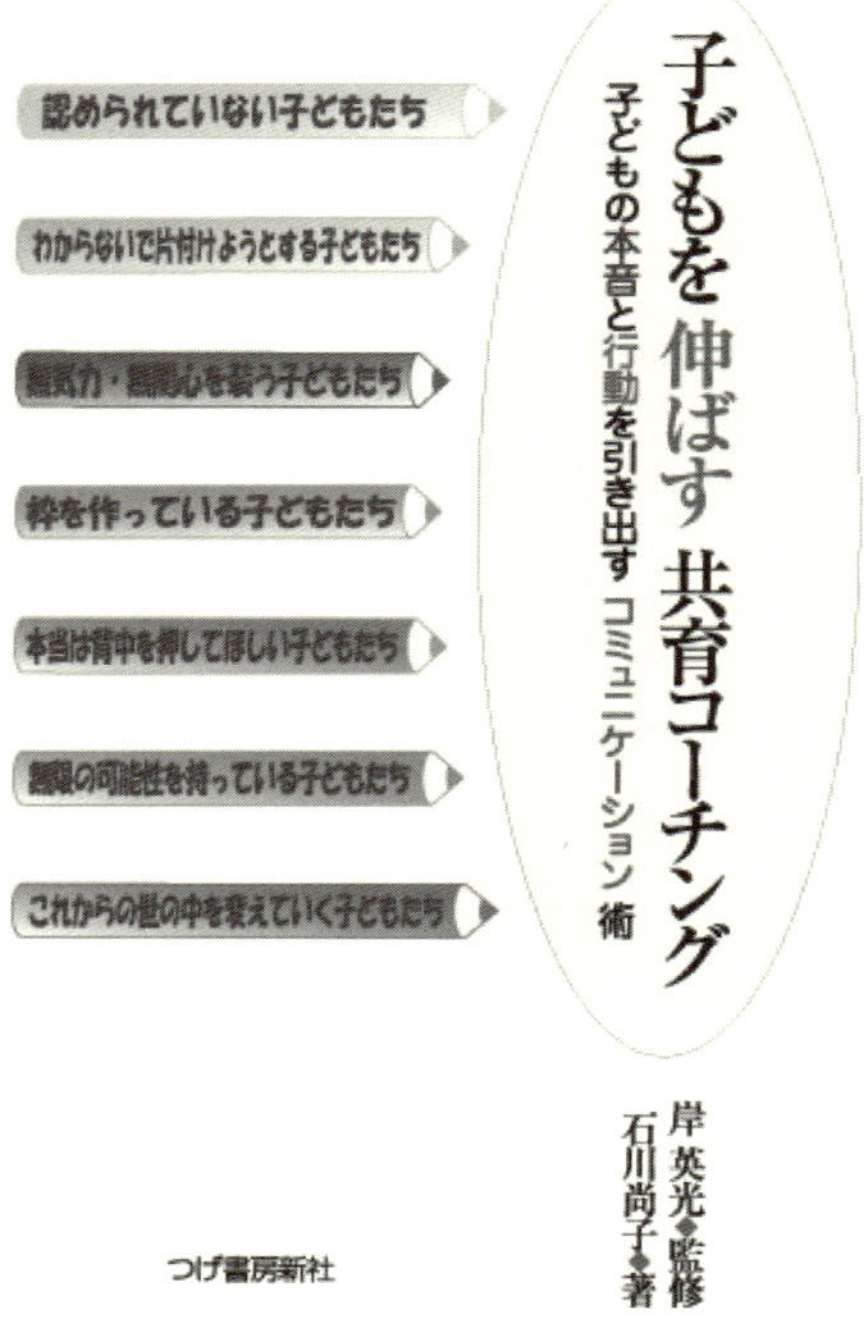
子どもを伸ばす 共育コーチング
子どもの本音と行動を引き出す コミュニケーション 術
認められていない子どもたち
わからないで片付けようとする子どもたち
枠を作っている子どもたち
本当は背中を押してほしい子どもたち
これからの世の中を変えていく子どもたち
岸 英光◆監修
石川尚子◆著
つげ書房新社